일본(日本)

동방의 밝은 빛 섬나라
전자제품이 발달한 부자의 나라
책과 만화의 출판대국
긴자 스모 야구 축구 빠찡꼬를 즐기는 나라
카부끼(歌舞伎) 다도(茶道) 노(能),
라꾸고(落語) 분라꾸(文樂)의 전통예술을 가꾸는 나라
인형극 검도 성(城) 문화속에서도
인공미 넘치는 정원을 만들어 천지자연과 어울리게 하는 나라
살아있는 화산을 이용한 노천온천 문화속에
바다음식이 크게 발달한 먹거리로 유명한 나라
가는 곳마다 절과 신사가 즐비하여
죽은 사람을 산사람처럼 섬기는 신의 나라
개인의 인격을 최대한 존중하면서도
나라를 부강하게 만드는 제국주의적 사고(思考)를 가진 나라
자기 나라를 철저히 보호하면서도 남의나라를 보호해준다는 명목으로 침략,
약탈을 일삼았던 나라로 우리는 이해하고 있다.
그러나 일본이 그렇게 되지 아니하면 아니될 자연조건과
그 자연조건을 최대한 활용한 일본문화가 있으니
일본을 바르게 이해하려면 불교와 신도를 이해하지 아니하면 안되므로
세계불교는 금년의 봄·여름 첫 특집으로 일본불교를 취재한 시집을 간행한다.

길야산의 벚꽃 (벚꽃은 일본의 국화이다.)

일본불교

일본불교는 흠명천황(欽明天皇) 3년 서기 500년경 백제에서 불상을 보내와 크게 성장함으로써 남도 7왕이 숭배, 뒤에는 10수종파가 만들어졌다. 구사(俱舍) 성실(成實) 율(律) 법상(法相) 삼론(三論) 화엄(華嚴)은 상고시대 종파이고, 천태(天台) 진언(眞言) 두 종파는 중고시대 종파이며, 후대에 발달한 선(禪 : 臨濟 曹洞) 정토(淨土 : 淨土宗 眞宗)는 일연종(日蓮宗)과 함께 크게 번창한 일본불교다.

일본의 천태종은 상승(相承) 원밀(圓密) 선(禪) 계(戒) 정신은 중국의 지자대사의 영향을 받은 것이나, 선밀(禪密)이 화합된 것으로 보면 중국 천태종과 다르다.

또 진언종도 중국 종지와 같으나 여기서 뻗어나간 여러 유파를 보면 청출어람격(靑出於藍格)이다.

정토종도 중국의 도작(道綽)과 선도(善導)에 나아가면 그의 종의(宗義)가 같지만 원 밀 계(圓 密 戒) 3자에 의해서 보면 교해(敎海) 하나로써 나타나고 있다. 단지 일연상인의 시종(時宗)과 양인상인의 융통염불종(融通念佛宗)이 조금 다르다고 하겠다.

일본불교는 어떤 왕이 무슨 불교를 신앙하느냐에 따라 그 영향이 서민에까지 미쳤으니 북조(北條) 족이(足利)는 선종을 숭배하고 직전(織田)은 일연정종을 신앙하고, 덕천(德川)은 정토종을 신앙하였으나 일반인에게 있어서는 진종과 일연 2종이 크게 성행하였다.

불교연감에 소개된 4대 영장의 188개 사찰이 있는데 뒤에 부록에 붙인다. 이에 의하면 현재의 일본불교는 천태종과 진언정토종이 주류를 이루고 있으며, 관음종과 임제 조동종 법상종이 다소 활동하고 있음을 알 수 있다.

양원자혜대사

원신혜심대사

진덕자섭대사

천해자증대사

희로성

일장기

미륵반가사유상

자오도 (藏王堂)

사무라이상(市川團十郎)

나리타 공항

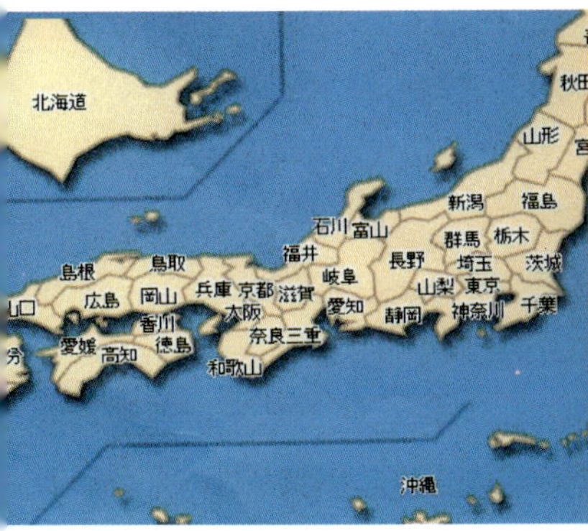

일본지도

인조정원

온천

생활음식 사시미

대일본 씨름 선수들

정장한 옥상

대본산 홍복사 전경

동대사 불공견색 보살과 일월광 양대보살

교토경(京都景)

1. 교토개요(京都概要)

히가시혼간지

東比叡北北山　동비예 북북산
西愛宕三方山　서애탕 삼방산이
圍繞匝成盆地　둘러싸여 분지로 형성되어 있는데
百年前滿水湖　백년전에는 호수로 꽉 차 있었다 한다.

이조성 당문

邊鴨川宇治川　주위에는 압천 우치천
木津川長時埋　목진천이 흐르며 장시간 매몰되어
豊水流大都市　물이 풍족한 대도시로 발전,
染色酒造産業發　염색 주조의 산업이 발달하였다 한다.

內陸型夏蒸暑　내륙형 기후로 여름에는 찌고
冬寒冷千年前　겨울에는 춥당 천년전부터
日本中心大都　일본의 중심 대도시로 발전하여
美術文學宗敎鄕　미술 문학 종교의 고향이 되었다 한다.

일본불자들의 부채춤

五月望日葵御祭　5월15일 계어제
七月八坂神社祭　7월8판 신사제
五山送欠文字祭　5산에서 대문자를 불에 태워보내는
風俗習慣多樣行　제등풍속 습관도 다양하다.
市內碁盤四五通　시내는 바둑판처럼 4통5달로 되어 있고
丸竹夷二押御池　환축 이이 압어지
姉三六角蛸並錦　시삼 6각 초병금
四綾佛高松萬條　4릉 불고 송만조

헤이안 진구

西陳織京友禪　　서진직 경우선
清水燒漆器子　　청수소 칠기자
京人形京佛具　　경인형 경불구
職人藝背景學　　직인예 배경학

豆腐伏見酒　　두부 복견주
京菓宇治茶　　경도 과자 우치다
銘木北山杉　　명목 북산빈
京漬野菜味　　경채 야채 경미 등은
京都代表特産物　　경도의 대표적 특산물이다.

계어제 광경

① 텐노덴(天皇殿)

아름다운 정원(수량원)

京都日本心臟部　경도는 일본 심장부로
天皇居住御所有　천황이 사시던 어소가 있었는데
正殿卽位紫宸殿　정전으로 즉위식을 올리던 자신전과
平常生活淸凉殿　평상시 생활하던 청량전
建禮春門宜秋門　건례 · 건춘 · 의추문
南庭近樓有近橘　남쪽 정원에는 누가 있고, 우측에는 귤을 심어
華麗宮殿簡素美　화려한 궁전이 간소하면서도 아름다웠다.

前現近代建築有　전대 근대 현대의 건축물들이 있어
古都傳經博物館　고도가 전통적 박물관으로 운영되고 있었다.

경도어소 紫宸殿

二條關戰紀念塔　이조성에는 관전의 기념탑이 있었다.
德川家康權力示　덕천가강의 권력을 나타내는
特有音鳴張廊下　특이한 소리를 나타내는 장낭과
幕府歷史展示館　막부시대 역사를 전시한 곳도 있었고

諸大將軍名號會　여러 장군의 이름과 호를 모아 놓은
大書院造欄間彫　대서원의 난간 조각
障壁桃山美術品　장벽 도산 등 미술품들은
當時國寶文化財　당시 국가의 문화재 들이었다.

淡島堂

반야사

② 히가시혼간지(東本願寺)

경도시 불교회

眞宗大谷派本山　진종대곡파 본산
東本願寺本派西　동본원사와 본파 서본원사에는
男女別有嚴格線　남녀의 별을 엄격히 구별하는 선이 있었고
德川家康敎如上　덕천가강을 가르친 교여상인을 모신 곳도 있었다.

東本願寺

平安護國東大寺　평안시대 호국사찰 동대사는
弘法大師居住地　홍법대사가 거주하던 곳이었는데
毘沙天王不動明　비사문천왕과 부동명왕은
貴重文化保護財　귀중한 문화 보호재가 되어 있었다.

大阪方面五重塔　대판방면에 있는 5중탑과
臨濟宗派妙心寺　임제종파의 묘심사는
白壁塔頭成壯觀　흰 벽 탑두가 장관을 이루고 있고
退園桂春名大心　퇴장원 계춘원 대심원은 이름난 정원이었다.

아스카 대불

東山登程顧京都　동산에 올라 경도를 바라보니
三十三間南觀音　남쪽에는 33칸 관음소가 있고
北自都廬銀閣寺　북쪽에는 은각사가 보였는데
古都風情獨特圍　고도의 풍정이 독특한 분위기를 자아내었다.

잘 다듬어진 절 정원(쌍암원)

요안지(龍安寺) 石庭

일본정장을 한 옥상

낀가구지(銀閣寺)

③ 낀가구지(銀閣寺)

銀閣正名慈照寺　은각사의 본래 이름은 자조사였다.
臨濟宗屬相周派　임제종 상주파에 속한 절이었는데
足利義政義滿閣　족리의정의 의만각으로
本堂東求弄殘庫　본당은 동구당이었는데 지금도 농잔청과 창고가 남아 있다.

銀閣池前下層空　은각 앞에는 못이 있고 아래층은 비어 있었다.
上層潮音唐樣式　상층은 조음각인데 당나라 양식이었다.
庭園東山名公園　정원은 동산문화를 상징한 이름난 공원이고
下錦向月銀沙灘　밑에는 금경지 항월대 은사탄으로 구성되어 있었고
上段枯山水庭園　상단은 고산의 물 정원이었다.
禪香彌陀兩影響　선의 향기 미타 사상 두 영향이 컸다.

단풍우거진 철학로 입구

서본원사

히에이산 행정원

신사

④ 데쓰가구지(哲學路)

自銀閣王子橋間　은각사로부터 왕자교 사이
永觀神社靈鑑寺　영관당 왕자신사 영감사
安樂白沙村莊路　안락사 백사 촌장로 등
二里小道哲學路　2km 작은 길은 철학로였다.

法然上人法然院　법연상인이 살던 법연원은
弟子修行靜境內　그 제자들이 수행하던 곳인데 고요한 경내에
作家谷崎內藤湖　작가 谷崎潤一郎 학자 內藤湖南 등
著名人事墓存在　저명한 인사들의 묘지가 있었다.

哲學路東安樂寺　철학로 동쪽 안락사에는
松虫鈴虫墓悲在　송충 령충의 묘지에 슬픈 설화가 있었다.
兩人鳥上寵侍女　두 사람은 조우상황의 총애하는 시녀였는데
聞法出家彈念佛　설법을 듣고 발심 출가하자 염불하는 것까지도 금했다.

白沙村莊日畵家　백사촌장은 일본화가
橋本關雪之郎宅　교본관설의 저택이었는데
一萬坪園名術品　1만평 정원에 국내외 미술품들이 꽉 차 있었다.
一九一六大正建　1916년 대정 5년에 건립한 것이라 한다.

平安神宮大鳥居　평안신궁은 황부천황을 모신 곳으로
色鮮朱塗遷都紀　천도기념으로 지어 붉은색으로 도금되어 색상이 선명하였다.
每年六十行薪祭　매년 6월 10월에 행사를 하는데
京都代表風俗見　경도 풍속의 대표적인 행사로 볼 수 있다 하였다.

⑤ 난젠지와 쇼궁즈카(南禪寺, 將軍塚)

岡崎公園南禪寺 강기공원 남선사는
龜山上皇離宮寺 구산상왕의 이궁으로 지었던 것인데
金地茶室三門景 금지다실과 세 문의 경치가 절경이었고
方丈庭園虎渡說 방장정원에 호랑이가 사람을 구한 전설이
있어 유명하였다.

將軍塚有青蓮院 장군총이 있는 청련원과
圓山北園知恩院 원산공원 북쪽에 있는 지은원
八坂神社祇園祭 팔판신사의 기원제
清水舞臺空降氣 청수무대는 공기가 하늘에서 내려오는 것
같았다.

장군상

화야염불사

남선사 방장실

정광원

평안신궁

⑥ 기요미즈데라, 간논도(淸水寺, 觀音堂)

성관세음보살

淸水本堂山中腹	청수사 본당은 산중턱에 있어
石段石疊狹坂道	돌계단이 첩첩이 쌓여 있는데
材木縱橫組合成	목재 또한 얽이설기 쌓아놓았다.
石段下淹治病水	돌계단 밑에서는 신선한 약수가 솟았다.

京都名物淸水燒	경도 명물 청수소
花鳥傳統柄手薄	화조 전통 병수박
窯之集山大團地	산내 자기를 총집합해 놓고
一般見學製造程	제조과정을 일반인에게 견학시키고 있었다.

고시키츠바키 (五色椿)

三十三間柱間堂	33칸 기둥만 세워진 당에는
千手觀音一千一	천수관음 1001불과
二十八部神將像	28부 신장상이 모셔져 있는데
迫力壓倒豪壯快	박력 있고 압도적이어서 호장 경쾌하였다.

觀音堂前博物館	관음당 앞 경도박물관은
様式建物調和立	양식건물을 조화롭게 세워
國家寶物一萬点	국가보물 1만점을
保管部分轉展示	보관하고 있으면서 부분적으로 돌아가며 전시한다 하였다.

청수사 무대

제호사 5층탑

⑦ 도호쿠지와 킨카쿠지(東福寺, 金閣寺)

室町時代東福寺	실정시대 동복사(표지 사진)는
禪宗獨特配列並	선종의 독특한 건물로 배열되어 있는데
小野小町戀文作	소야 소정의 연문들을
玉章貯藏退耕庵	옥장에 저장, 퇴경암에 있었다.
洛西嵯峨金閣寺	낙서차아 금각사는
足利義滿始別莊	족이의만의 별장으로부터 시작된 것인데
死後禪寺名鹿苑	사후에 절이 되어 녹원사라 이름 지어져
北山文化有一構	북산의 유일한 문화재로 구성되어 있었다.
一層寢殿法水院	일층 침전은 법수원이 되고
二層武家潮音洞	이층 무가는 조음동이 되었으며
三層究竟唐樣佛	3층 맨 끝에는 당나라 불상을 모셨는데
鏡湖池影一幅畵	경호에 비친 그림자는 한 폭의 그림이었다.
石庭高名龍安寺	돌정자의 높은 이름은 용안사
衣笠山勢閑寂默	의립산에 한적하게 말없이 서 있었다.
如何禪寺雰圍氣	어떤 선사의 분위기가 이와 같으리
千年太古空寂像	천년 태고의 공적한 모습일러라.
方丈南側石造庭	방장 남쪽에 돌로 만든 정원이 있었는데
一面白砂三方底	한쪽은 흰 모래를 깔고 세 방향은 낮은데
七八石配浮島型	7·8개의 돌을 세워 바다에 뜬 섬과 같이 만들었다.
通稱名爲虎子渡	통칭 이름을 호자도라 하였다.

약사사 3층석탑

바둑판처럼 잘가꾸어진 정원 (동복사)

⑧ 고류지와 고산지(廣隆寺, 高山寺)

일본 화엄종의 증흥조 명혜상인

짜임새있게 구상한 사찰정원

太隣映村廣隆寺　태린 근처 영화촌에는 광륭사가 있었다.
歸化秦氏爲建寺　귀화한 진씨를 위해 세운 절도 있었다.
聖德太子本尊像　성덕태자를 본존으로 모시고
飛鳥時代聖像群　비조시대의 성상들이 많았다.

國寶二十重五十　국보가 20종 중요문화재가 50점이나 있었는데
一號彌勒半跏像　그 가운데 1호가 미륵반가상이고
不空羂色觀音像　불공견색관음상이었다.
赤松一木巧妙彫　붉은 소나무 한 개를 교묘하게 조각해 놓았는데
終日鑑想不移席　종일토록 감상하는 사람들이 자리를 뜨지 못하고 있었다.

新綠鬱林嵯峨野　신록이 우거진 숲 차아야는
嵯峨天皇離宮地　차아천황의 이궁지였다.
大覺神社御殿風　대각사 신사는 어전풍을 그대로 풍기고
桃山花潭觀月所　도산의 꽃과 못 때문에 달구경하는 장소로 알려져 있었다.

芭蕉第跡落柹舍　파초의 제자 자취가 남아있는 낙시사
釋迦彌勒二尊院　석가 미륵을 모신 이존원
祇王尼寺祇王寺　지왕의 아내가 비구니가 되어 산 지왕사
無緣佛石念佛寺　인연 없는 사람들을 위해 만든 염불사의 돌부처에게
千燈供養幻想的　천 등을 공양하는 모습이 환상적 이었다.
嵐山京都遊名所　람산은 경도의 놀기 좋은 곳으로 이름난 곳이었다.
春花夏流秋楓葉　봄 꽃 여름 물 가을 단풍

冬雪百人歌唱步　겨울 눈 속에서 백 사람이 걸어가며 노래 부른다 하였다.
又渡嵐山撮影所　또 도월교는 람산의 기념촬영 하는 곳이었다.

嵐山三分天龍寺　람산에서 3분 쯤 올라가면 천룡사가 있는데
臨濟宗中天龍派　임제중 가운데서도 천룡파에 속했다.
足利尊氏醍醐皇　족이존씨와 제호천왕의
影幀奉安祈禱所　영정을 모시고 기도드리는 곳이었다.

嵐山街道高雄行　람산가도는 고웅으로 가는 길이었다.
北槇梅尾高尾三　북신미 매미 고미 삼미가 유명했고
神護西明高山寺　신호사 서명사 고산사는
日本梅楓有名所　일본 단풍으로 이름난 곳이었다.

조화 분재

천동사

만복사 본당

광융사 미륵 반가상

⑨ 진코지와 인나지(神護寺, 仁和寺)

명신사 궁전

노보토게노 사토(논밭 산속에 점재되어 있는 석불)

세계적인 이끼공원

眞言古寺神護寺	진언종 옛 절 신호사는
高雄山腹長險路	고웅산 중턱 험한 길에 있었다.
和氣淸麻兩願寺	화기씨와 청마녀 두 사람의 원력에 의해 지어진 절로
藥師五大虛空像	약사여래와 5대 허공장보살이 유명했다.
高山神護寺別院	고산사는 신호사 별원이었다.
鳥羽天皇明惠師	조우천황과 명혜상인이
日出光高華嚴寺	동트는 모습을 보고 화엄종 사찰을 만들었는데
鳥獸人物戱畵繪	새 짐승들을 인물에 붙여 희롱하는 그림을 그려 유명했다.
元曉義湘兩大師	원효 의상 양대사와
化龍菩薩善妙像	화용보살 선묘상을
奉安法華守戒行	봉안하고 청정 계행을 지켜
戰沒未亡數千敎	전몰미망인 수천 명을 교화하였다고 하였다.
大原野之勝持寺	대원야에 승지사
西行法師出家地	서행법사 출가지
小塩山中善峰寺	소염산중 선봉사
西天三三二十處	서천 33소 가운데 20번째 해당되는 곳이었다.
宇多天皇仁和寺	우다천황 인화사는
境內金堂御影堂	경내 금당에 어영당이 있었는데
今移御影彌陀像	지금은 다른데로 옮기고 미타상을 모셔 놓았다고 했다.
古歌有名說明者	고가들로 유명한 절이라고 설명하는 사람이 말했다.

⑩ 뵤도인과 만도구지(平等院, 萬德寺)

평등원 아미타불

洛南東海道本線　낙남은 동해도 본선이 흐르는 곳이었다.
天候惠豊土地福　기후 좋아 토지 으뜸이고
伏見本酒茶宇治　복견본주 다우치의 본산지로
田園風景旭一味　전원 풍경은 더욱 더 좋았다.

極樂淨土平等院　극락정토 평등원엔
鳳凰釣殿鐘閣樓　봉황당 조전(관음당) 종각이 있고
彌陀本尊木刻佛　아미타불을 본존으로 모셨는데 목각으로 만들어
平安時代代表佛　평안시대의 대표 불로 인식되고 있었다.

灘並酒造町伏見　탄과 주조 정복견
維新時代寺田屋　유신시대 사전옥
數數文化財訪問　온갖 문화재를 방문할 수 있는 곳
京都呼町風情樂　경도에서는 풍정락이 있는 곳이라 하였다.

豊臣秀吉築桃城　풍신수길이 쌓은 도산성
御香宮殿名神社　어행궁전 명신사
酒造貯藏寺田屋　술을 빚어 저장해 놓은 사전옥에서는
尊王攘夷殺害所　존왕 양이때 살해 사건이 있었다 한다.
宇治北邊萬德寺　우치 북쪽에는 만덕사가 있는데

十方来人皆対面(左)
仏身円満無背相(右)
법당 주련

평등원 극락정토

明隱開創黃檗宗　명나라 은원스님이 개창한 황벽종 본산이었다.
三百歷史茶料理　300년이 넘은 다요리가 있는데
隱元傳統普茶料　은원전통 보다요리라 하였다.
澄子雲片油滋腐　등자 운편(야채) 유자 두부 등으로 만들어
卓圍大皿建轉分　탁상위 큰 접시에 올려놓고 돌려가며
小施取食油氣多　작은 접시에 나누어놓아 기름에 찍어 먹는데
寺院特味精進料　사원 특수의 정진요리였다.

特爲太平澄碧湖　특히 태평의 맑고 깨끗한 호수는
周圍青山翡翬界　주위 4방이 비휘 청산으로 둘러싸여
宋明淸代徽商使　송·명 청대엔 상업이 발달
新安文化發祥地　신안문화의 발상지로 인식되었다.

畵醫建築木工藝　그림 의약 건축 목공예
大量文物古跡所　대량 문물 고적소가 그대로 있는데
祠堂石坊構造精　사당 석방의 구조가 정밀하여
明淸民居博物館　명·청 백성들이 살던 곳을 그대로 박물관으로 지정해 있었다.

特爲屯溪南山麓　특히 둔계 남산 푸른 산록은
一半街巷一半水　반은 항구이고 반은 물이었다.
老街周街正十里　노가의 주위 10리는 되는데
人物豊年食物豊　사람 물건 풍년에 먹을 것까지 풍년이었다.

実相非荘厳金碧装成安楽刹(右)

真身絶表象雲霞画出補陀山(左)

법당 내부 주련

복견주조장

전초사 편액

전초사의 용놀이

⑪ 센소지(淺草寺)

東京台東淺草寺　동경 대동 전초사는
金龍本聖觀音宗　금룡산에 있는 성관음종 본산이었다.
推古天王三六年　추고 천왕 36년에
竹成兄弟漁撈中　죽성형제가 어로 중
感得一體觀音像　한 분의 관음상을 얻어
歸依出家自宅寺　귀의 출가하여 자기집을 절로 삼아
禮拜供養生涯奉　예배 공양하며 일생을 받들었다.

大化元年勝海上　대화원년에 승해상인이
留錫觀音建夢告　그곳에 머물며 관음사를 건립 현몽으로
廣漠武藏野一畵　광막무장의 그림 한 폭을 그려 모시니
東京漁村大團圓　동경 시내 어촌민들이 몰려와 대단원을 형성하였다.
平安初期慈覺仁　평안 초기에는 자각엔인대사가 머물며
中興開山大梵刹　중흥 개산해 대범찰이 되었다.

淺草驛前雄雷門　전초 역 앞에 웅장하게 서 있는 뇌문
伸見步行直寶藏　가운데를 바라보며 바로 걸어가면 보장문이 나온다.
右側弁天二尊佛　보장문 우측에는 변천상과 2존불이 있고
天門神社左會堂　이천문 신사가 있으며 좌측에는 공회당
鎭護宮殿傳法院　진호 궁전 전법원,
幼稚圖書五重塔　유치원 도서관 5중탑이 있고
藥師淡島寫經塔　약사 담도당 사경공양탑이 있고

錢塚地藏影向堂　전총지장 영향당이 있고
中央本堂巨高莊　중앙 본당이 높고 크게 장엄되어 있었다.
後園十郞福地館　후원에는 10랑상과 복지관
淺草病院信號燈　전초병원 신호등이 있는데

전초신사

4월8일 관욕불단

세류관정식

사찰음식 교육현장

어본당 정면

상담하는 스님과 신도

재난을 물리치는 의식

皆是名號通淺草　모두가 이름이 전초로 통해졌다.

正月元日新年祈　정월 초하루 신년 기도회

開運厄除札授與　개운 액제 부적을 주고

每月一日轉讀會　매월 1일 전독회

玄奘法師西遊記　현장법사 서유 구법을 기념하여

每年正月修正會　매년 정월 수정회

祈豊天下太平願　풍년과 평화를 기원하며

一月五日加持會　1월5일 가지회

牛黃清心除魔鬼　우황청심환을 받아 악마귀를 물리치고

溫座祈法陁羅尼　따뜻한 자리에 앉아 다라니를

正月一週願成就　정월 1주일 동안 외우면 소원을 성취한 다 한다.

立春前日節分會　입춘 전일에 절분회를 가지는데

誦呪豆打追難式 주문을 외우면서 콩을 털어 귀신을 쫓는 의식을 한다.
二月八日針供養 2월8일에는 바늘공양을 하여 감사하고
三月十八本尊會 3월18일에는 본존회를 가지는데
示現觀音紅札授 이날 관세음보살이 나타났기 때문이다.
四月八日佛生會 4월8일 불생회
誕生佛讚香燈供 탄생불을 찬탄하고 공양한다.
此日五重塔開扇 이 날은 5중탑 문을 열고
敎徒參拜佛舍利 교도들로 하여금 불사리를 참배케 한다.

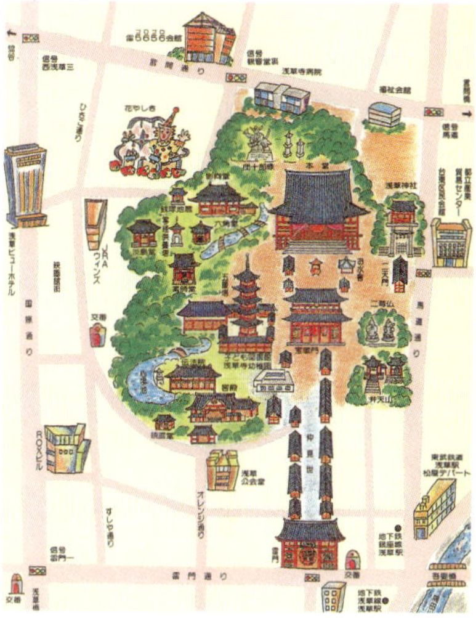

전초사 조감도

六月三日山家會 6월3일 산가회는
天台傳敎山家師 천태대사 전교대사 산가의 스님들께
奉茶恭禮法華講 차 공양을 올리고 법화경을 강의하는데
一日一卷八日畢 1일 1권씩 하여 8일 동안 하게 된다고 한다.
六月十八百味供 6월18일 백미공양은
無事利益感謝禮 무사 이익을 감사하는 날이고
兼楊淨水加持會 겸해 양지수로서 가지회를 가져
消伏毒害除惡疾 독해와 악질을 소제하였다.
七月九日黃刹授 7월9일 황찰회는
四萬六千功德日 4만6천 공덕을 기린다.

광명사 三門

불단 내부

一日一回一二六　하루 한 자리 126번을 하면
雷除長壽文武盛　우뢰를 제거, 장수하고 문무가도 성한다 하였다.
每年八月十五日　매년 8월15일
萬靈燈籠供養會　만령들께 등공양 하는 날이고
十月季秋十八日　10월 계추 18일은
菊花供養大法會　국화꽃을 올리며 대법회를 보는 날이고
十月二八寫經會　10월28일에는 사경회
十二八日成道會　12월8일에는 성도회
十二月十七八日　12월 17,8일은
新年用品購入日　신년용품을 구입하는 날이라 하였다.
冬至星祭水陸札　동지 성제 때는 수호찰을 주고
見星運命自己占　별을 보고 자기의 운명을 점치는 날이다.
十二晦日除夜鍾　12월 그믐날은 제야의 종을 치는 날로
金龍寺舞公演會　금룡사 무용을 공연하는 날인데
金龍福聚白鷺舞　금룡무 복취무 백로무는
淺草特殊舞保護　전초사 특수 무용으로 보호를 받고 있다고 하니
多樣布敎救濟衆　다양한 포교로 중생을 구제하고 있는 것이다.

여의륜사

가면놀이

관정식

2. 라쿠보쿠교(洛北京)

실생사 5층탑

① 타이도쿠지 시센도(大德寺, 詩仙堂)

京都北部含比叡　경도 북부는 히예이산을 포함한
大德鞍馬延歷等　대역사 안마사 연력사 등이 있는 곳인데
自然惠豊古社寺　자연의 은혜가 풍부하여 옛 신사와 절이 많은 곳이었다.
最近宅地多開發　최근 들어서는 택지로 많이 개발되고 있었다.

大燈建立大德寺　대등스님이 건립한 대덕사는
洛北一帶最大刹　낙북일대에서는 가장 큰 절이었다.
江湖時代文化財　강호시대 문화재와
桃山時代彫刻多　도산시대 조각품이 많았다.

시선당(詩仙堂)

本堂日古禪方丈　본당은 일본에서 가장 오래된 선종 방장 건축이고
室町枯山水庭園　실정고산에는 물 정원이 있는데
白砂漂流鶴龜船　백사가 표류하는 모습에 학 거북이 배들과 어울려 있었다.
妙技衝天鬼神術　묘한 기술은 충천하여 귀신술이라고나 할까.

설원(雪原)

江湖時代初期人　강호시대 초기인
石川丈跡詩仙堂　석천장산의 자취가 있는 시선당에는
中國詩聖三六人　중국 시성 36인의
肖像謹掛名由來　초상을 걸어놓아 시선당이란 이름이 유래했다 한다.

赤 穗御崎

자안당

전교대사가 사용하던 우물(생원사)

주정당

② 가모진쟈 산센인(鴨神社, 三千院)

賀茂川下鴨神社　　하무천 아래 압신사는
京都一番古神社　　경도 일번의 고신사였다.
廣大境內檜皮茸　　광대한 경내에는 회피 이끼가 무성했다.
朱淘社殿葵祭行　　붉은색으로 도색한 신사에선 매년 5월 계제를 지낸다.

敦賀北上大原里　　돈하 북상 대원리에는
茸屋民家三千院　　이끼 낀 민가들과 3천원이 있었는데
慈覺圓仁淨土地　　자각원인 정토수행지로
有清聚碧紅葉美　　유청원 취벽원의 단풍이 아름다웠다.

聖德太子寂光院　　성덕태자 적광원은
用明天皇菩提弔　　용명천황 깨달음을 기린 곳인데
平家物語謠曲描　　평가의 물어가 가요곡으로 만들어져 있고
脇侍女官長子像　　협시에는 여관 장자상이 있었다.

京都盆地鞍馬寺　　경도 분지 안마사는
深綠闇山石階段　　우거진 숲 어두운 산 돌계단 위에 있었는데
牛若丸師修行場　　우약환사(우시와가마루)의 수행장으로
毘沙門天王本尊　　비사문천왕을 본존으로 모시고 있었다.

源義朝子牛若丸　　원의조자 우약환이
此山武術修行積　　이 산에서 무술 수행을 쌓고 있었는데
相手鞍馬天狗杉　　상수안마 천구가 나타나
天狗傳說世流布　　천구 전설이 세상에 유포되게 되었다.

京都東北延曆寺　　경도 동북 연력사
最澄建立比叡山　　최징스님이 히에이산에 건립하여
天台本山大道場　　천태종 본산으로 대도량을 형성했는데
僧兵養成護國寺　　승병을 양성, 호국사찰로 인식되어 있었다.

③ 오우미하즈개이비와하지(近江 八景琵琶八)

瀨田夕照石山月　뇌전 석조 석산월
栗津晴嵐三井鍾　율진청람 삼정종
唐崎夜雨比良雪　당기 야우 비량설
堅田落雁矢橋帆　견전 낙안 시교범
此是近江定八景　이것이 근기지방에서 정한 8경으로
安藤廣重繪風景　안등 광중의 회풍경이었다.

夕陽瀨田石山流　뇌전 석양 석산에 흐르는 물
煙雨比叡樹木林　히에이산 연우와 수림
涼風雄松崎白汀　송기지방의 시원한 바람과 흰 물결
曉霧梅津大崎礁　대진의 새벽안개와 대기의 암초

新雪賤岳大觀視　새눈 내리는 산악을 보는 재미
月明彥根古城情　언근 고성의 밝은 달
春色安土八幡水　봄빛 찬란한 안토의 8번수
沈綠竹生島沈影　우거진 숲 죽생도에 드리운 그림자

此是琵琶湖八景　이것이 비파호의 8경인데
昭和時代滋賀定　소화 25(1950)년 자하현에서 선정한 것다.

삼정사만종

도월교의 봄

반실 부동당

삼천원

④ 와가사산보(若狹三方)

若狹半島敦賀灣	약협반도 돈화만은
三方五湖國公園	3방5호가 국립공원으로 지정되어 있다.
日本三景知天橋	일본 3대 경치 가운데 하나인 지천교가 높이 솟아 있고
多寺町浜港波靜	절도 많고 정・병・항구에서 고요한 파도 구경도 좋더라.
若狹飛出常神島	약협이 날아서 상신도를 만드니
湖水通稱三五方	호수까지 통칭해서 3방5호라 부르더라.
三方菅湖水月湖	3방은 관호 수월호 일향호인데
日向父子川掘割	부자천 끝까지 크고 작은 호수 하천이 굴곡져 있었다.
湖水深遠展望台	호수의 물은 깊고 전망대는 밝은데
五色水變不思議	5색으로 물이 변화하는 것은 생각으로 헤아릴 수 없었다.
背後見海成狹灣	그 뒤로 툭 터진 바다가 약협만을 이루고 있었다.
天橋別名傘松園	천교의 다른 이름은 산송공원이었다.
空海直線連續橋	허공과 바다가 직선으로 연이어진 다리였다.
觀光客試股場所	관광객들이 떨어져 보는 시험장이 있는 곳을
遠望瞬間眞錯覺	멀리서 바라보면 진짜 떨어지는 것 같이 착각한다.
以上京都大略觀	이상이 경도를 대략 관광한 것이다.

錢塚지장당

적광원

3. 오우미노교(近江京)

추조사 기예천상

近江琵琶滋賀縣　금강 비파 자하현
湖水中心西方分　호수를 중심으로 4분되어 있다.
三井石山寺湖南　삼정사 석산사는 호남쪽이고
彦根湖東湖西山　언근성은 호동, 호서는 산으로 되어 있고
賤岳古戰場湖北　천학 고전장은 호북이었다.

現廳所在天津京　현재 청사가 있는 곳은 천진경
重要文化四割集　중요문화재의 4할은 여기에 있었다.
長等中腹三井寺　장등산 중턱에 삼정사가 있는데
正式名爲園城寺　정식명칭으로는 원성사라 하였다.
延歷獨立寺門派　연력사에서 독립해서 사문파 본산이 되었는데
三井晚鍾八景一　삼정사 만종은 근강 8경의 하나였다.

대안사 불공견색관음

東海本線彦根森　동해본선이 있는 언근은 삼림으로 이루어졌다.
江湖時代榮華地　강호시대의 영화지로
玄宮埋木樂樂園　현궁원 매목사 낙락원에는
井伊家的數史跡　정이가의 여러 가지 사적이 있었다.

彦根城在內外窟　언근성에는 안팎으로 굴이 있는데
城內三層天守閣　성내 3층에는 천수각이 있고
城外琵琶多景島　성외에는 비파소와 다도해의 경치가 좋았다.
特琶大橋水映天　특히 비파대교의 맑은 물은 하늘색으로 보였다.

湖東平野三大寺　호동평야 인근에는 3대사가 있었는데
西明金剛百濟寺　서명・금강・백제사가 그것이다.
信長兵火悉被害　신장시대 병화로 다 타버리고
面明重塔百仁王　서명의 3중탑과 백제사 인왕문만 남아
古寺戰跡觀光客　옛 절의 전적들을 관광객들에게 보여주고 있었다.

석산사

북야정의 이인관

성천사 신당

대유산 성천사 본용원

천연기념물 습지의 조류들

안마사 산문

4. 히에이산 엔락쿠지(比叡山 延歷寺)

① 히에이산도(比叡三塔)

比叡山延歷寺　히에이산 연력사는
七八五最澄開　785년 최징이 개창한 절이었다.
天台宗有一許　천태종만 유일하게 허가 되어 있는데
初代主義眞座　초대 주지는 의진좌이고
圓澄師圓仁繼　원징사 원인사가 계속 이어받았다.

義眞東塔　의진은 동탑사를 건립하고
圓澄西塔　원징은 서탑을 건립하고
圓仁橫川　원인은 횡천을 개척하여
比叡三塔　이것을 히에이 3탑이라 하였다.

平安鎌倉惠心都　평안 염창시대는 혜심사가 도감을 보다가
法然親鸞榮西師　법연 친난 영서스님
道元日蓮一遍空　도원 일연 일변 공양스님이
各宗派祖此山出　각각 한 종파씩을 만들어 나갔다.

元龜二年信長燒　원구 2년(1571) 신장의 불이
按山失覺金堂舍　산에 옮겨 붙어 당사 전체가 다 타 버렸다.

히에이산 3탑중 하나

대흑천 입상

비사문 천왕상(重文)

비사문천왕상(안마사)

히에이산 대강당

히에이산 동탑

금당 내부

豊臣德川兩家力　풍신수길과 덕천가강 두 집에서 힘을 모아
諸堂再建現在存　모든 당을 재건 현재에 이르고 있다.

重要建物此紹介　중요건물을 여기 소개하면
根本中堂彌陀堂　근본중당 미타당
本如法堂釋迦堂　본여법당 석가당
横川中堂大講堂　횡천중당 대강당
大乘戒壇文殊樓　대승계단 문수루
常行法華淨土院　상행당 법화당 정토원이 그것이다.

상륜당

我國元曉大宗正　우리나라 원효종 대종정
法弘大師此寺住　법홍대사께서 이 절에 계시면서
五十上歲百日峰　50이 넘어 100일 회봉을 하여
世界名人推戴頌　세계 명인으로 추대된 바 있다.

히에이산 교육장

② 사가이대이시(酒井大師)

比叡山横川　　헤이이산 횡천
飯室長壽院　　반실곡 장수원
酒井雄哉氏　　주정웅재씨는
日聖者中聖　　일본 성자중 성자였다.

軍國少年時　　군국 소년시절
愛妻自殺劇　　애처의 자살극이 일어나
修羅流轉生　　수라의 유전생활에 떨어졌다.
絶命即前救　　절명직전에 구해져

最澄法燈繼　　최징대사의 법등을 계승코자
三年籠山行　　3년 롱상행을 하고
千日回峰誓　　천일 회봉을 맹서
二千捨身行　　2천일 동안 사신행을 하였다.

주정대사 천일 회봉행

주정대사 2천일회봉 회향 기념식

5. 호류지(法隆寺)

백제관음상

法隆日本奈良縣　　법릉사는 일본 나라현
生句郡斑鳩町一　　이코마군 이카루가초 1번지에 있었다.
聖德宗之總本山　　성덕종의 총본산으로
有名觀音藥師佛　　유명한 것은 관세음보살과 약사부처이었다.
用名天皇患治愈　　요메이황의 병환을 치료하기 위해
寺像建立眞發願　　절과 불상을 건립하기로 발원하였으나
不踐崩御推古及　　실천하지 못하고 돌아가시자 스이코천황과
聖德太子承遺言　　쇼토구태자가 유언을 받들어 건립하였다 한다.

塔堂中心西伽藍　　탑과 당을 중심으로 한 서가람과
夢殿中心東伽藍　　몽전을 중심으로 한 동가람이
五六五百建垈地　　56,500평 대지위에 건립되어
一九十種文化財　　190종 2,300여점 문화재를 가지고 있었다.

南中廻廊及金堂　　남문 중문 회랑과 금당
飛鳥時代五重塔　　5중탑은 아스카시대 것이고
平安講堂鐘樓閣　　헤이안시대 지은 대강당 종루각
奈良經堂東大寶　　나라시대 경당 동대문 대보장전
鎌倉上御西靈院　　가마쿠라시대 상어당 서원당 성령원
奈良夢殿繪鎌倉　　나라시대 몽전 가마쿠라시대 사리전 회전
傳法東院東鐘閣　　나라시대 지은 전법당 동원 가마쿠라시대 동종각
特希百濟觀音像　　특히 백제 관음상
夢殿觀音玉紺廚　　유메치가의 관음상 다마무시노르시 감실은
千年上史實證明　　천년 이상의 역사를 사실적으로 증명하고 있었으며
各堂所藏諸聖前　　각당 소장 모든 성전에서는
每月定日祈禱會　　매월 정한 날짜에 기도회를 가지고 있었다.

몽전

① 나라(奈良)

동대사 대불

흥복사 5층탑

나라공원

大和稱號奈良盆　대화라 부르는 나라는 분지였다.
風景奧深歷史愈　풍경도 깊지만 역사도 오래였다.
耶馬台國機說力　야마다이 국기설이 유력한 곳으로
飛鳥天平文化開　아스가 문화가 차례로 꽃피운 곳이었다.

古墳神社佛像群　고분과 신사 절과 불상들
四季分明自然溶　4계절이 분명, 자연적으로 녹아내려
世界文化遺産地　세계 문화유산지로
奈良自體大公園　나라자체가 대공원이었다.

四方山綠氣候溫　사방산록 기후는 온화하고
河川惠擇土地豊　하천혜택에 토지까지 풍족했다.
三四世紀朝鮮交　3,4세기 조선과 교류
四五世紀大和政　4,5세기 때는 대화정이 이루어지고
全國統一飛鳥頃　전국을 통일한 뒤에는 아스가시대로 기울어졌다.

六世紀後半蘇我　6세기 후반 소아씨가
佛教支持實權握　불교를 지지 실권을 잡고
急速發展飛鳥寺　급속히 발전하여 아스가사가 지어졌다.
聖德太子法隆寺　성덕태자는 법융사를 건립하고
確立中央集權國　중앙집권국가를 확립하였다.

奈良時代大津都　나라시대는 대진이 서울이었고
和銅三年平城移　화동 3년에 평성으로 이전하였다.
元明天皇律令制　원명천황이 율령제를 실시
天皇中心社發展　천황을 중심으로 사회가 발전하였다.
不安社會佛力護　사회가 불안할 때는 불력의 가호를 빌어
鎭護國家理念生　진호국가설이 이념적으로 생겼고
東大建立巨佛造　동대사를 건립 대불상을 조성했다.

盛唐影響際色豊　성당시대의 영향으로 국제적인 색깔이 풍부하였다.
長安風造平城京　장안풍의 평성경을 만들고
木簡語紙貴重品　목간을 사용 언어를 종이에 기록한 귀중품들이
多量出土保管中　다량으로 출토하여 보관 중이었다.

各地天皇出食料　각지 천황들이 식료들을 출품하였는데
白米玄米大小豆　백미 현미 대소두와
鹽醬堅魚煎汁類　염장 견어 저집류
穀味魚貝菜酒類　곡류 조미료 어패류 채집류 술종류
煮堅蒸鮑押年魚　저견 증포 압년어
嶋澤生酒白灘酒　도서 택서 생주 백주 탄주 등이었다.

아수라상

蘇我物部好排佛　소아씨는 불교를 좋아하고 물부씨는 배불했는데
決局蘇我勝利得　결국은 소아씨가 이익을 보았다.
聖德太子奬勵佛　성덕태자가 불교를 장려
製作佛像神秘的　불상을 제작했는데 신비하였다.
堅線面長古微笑　선이 굳고 얼굴은 갸름하고 고졸한 미소를 띠고
扁平對稱左右合　편평하면서도 좌우대칭이 맞아
法隆三尊救世音　법륭사의 석가여래 3존과 구세관세음보살
百濟觀音半跏像　백제 관음과 반가사유상이 그렇다.

문수루

白鳳時代佛像群　백봉시대 불상들은
薄衣事實童顔形　엷은 옷에 사실적인 동안을 하고 있었다.

정토원 명왕당

정토원

전교대사묘

유리당 (혜심당)

의식하는 일본스님

當麻金堂彌勒佛 당마사 금당에 모셔진 미륵불이 그 대표적이다.
天平時代釣合取 천평시대는 조합을 하여
理知成熟太平佛 이지적이면서도 성숙된 태평불을 조성했는데
興福寺有乾漆像 흥복사지에 있는 건칠상과
東大日月兩大像 동대사의 일원광 양대보살상과
修羅招提鑑眞像 아수라상 초제사의 감진상이 다 그렇다.

弘仁貞觀九世佛 홍인시대 정관시대 9세기 부처님들은
頭台座本一木造 머리와 자리를 한 나무로 만들어
大小波交寄翻式 큰 물결 작은 물결이 서로 겹쳐 기번식을 이루었는데
法華十一觀音像 법화사의 11면 관음상이 그렇다.

藤原貴族文化佛 등원시대 귀족문화의 불상으로
圓滿衣裳優雅風 원만한 의상이 우아한 풍을 준다.
主材木造能技法 주로 목재를 사용하여 능숙한 기법으로 만들었다.
平等彌陀興福神 평등원 아미타부처님과 흥복사의 12신장이 그렇다.

鎌倉武家佛像影 염창시대는 무가의 영향을 받아
强力運快治動態 강력하게 움직이고 경쾌하게 활동하는 모습이었는데
東大金剛興龍鬼 동대사 금강역사와 흥복사 천룡등 귀상이 그렇다.

寺院元來佛舍利 절은 원래 부처님 사리를 모시는 곳이라
中心塔海伽藍置 가운데 탑을 모시고 바다처럼 가람을 배치하였다.
朝鮮傳統飛鳥式 조선의 전통을 이어 아스가시대는 양식을 삼았는데
漸次歲變成圖面 점차 세월이 변하여서 그 도면도 달라졌다.

飛鳥三堂單塔門 아스가시대 3당 1탑 1문 식이었는데
天王諸堂一金塔 천왕사는 강당에 1금당 1탑을 형성했으며
藥師東大雙塔寺 약사사 동대사는 쌍탑가람인데
內外配置時代別 내외 배치가 시대에 따라 달라졌다.

② 도다이지(東大寺)

유생번진옥에 있는 인도석

奈良公園東大寺　나라 공원에 동대사가 있는데
坪城外京名殘存　평성 외경이 명자 그대로 남아있었다.
東大興福春日社　동대사 흥복사 춘일사가 그대로 있고
鹿群步遊公園內　공원 안에서는 사슴들이 뛰어놀고
古家竝存千年都　고가들이 남아있어 천년도시에 들어온 것 같았다.

若草春日千年綠　약초산 춘일산의 천년록
千頭超鹿敷地內　천 마리가 넘는 사슴들이 부지 내에 있었다.
寺社博物同一集　절과 신사 박물관이 한데 모여 있으나
時代分類一目然　시대별로 분류하여 일목요연하게 하였다.

약사사 동탑

春日杉木無數燈　춘일사는 삼목을 지어놓고 무수한 등을 켰는데
二八分節萬燈籠　2월8일 분절에는 만등을 켠다고 하였다.
三月神祭十二宮　3월 신제(申祭)와 12월 궁중고식에서는
貴族信仰庶民風　귀족신앙과 서민풍을 한꺼번에 볼 수 있다 하였다.

興福猿澤五重塔　흥복사는 원숭이 못과 5중탑으로 유명했는데
階段門佑廣松林　계단 문 옆에 널리 송림이 우거져 있고
中金東金南北園　중금당 동금당 남북원과
三五金塔登觀奈　3중탑이나 5중탑에 올라가 보면 나라가 한 눈에 보였다.

약사사 3존불

법회의식을 집행하는 스님들

異質木材時代差　서로 다른 목재들은 시대별 차이 때문이라 한다.
藥師三尊十二將　약사 3존 12신장상과
文殊菩薩智慧像　문수보살 지혜상은
東金堂內名遺物　동금당의 이름난 유물인데
無數學生受驗祈　무수한 학생들이 시험 잘 보도록 기원하고 있었다.

웬닌 자각대사

國寶觀內食堂細　국보관 안에는 세전식당이 있고
興福各堂像畫書　흥복사 각 당에는 불상 불화 서적들과
考古資料工藝品　고고학자료 공예품들이 전시되어 있는데
佛頭修羅四十点　구 산전사 불두와 아수라상 등 40여 점이나 되었다.

웬수 지증대사

猿澤水面五重塔　원숭이 못에 비친 5중탑
中秋明月詩思話　달밝은 가을 밤·시·사·화를 나누는 모습
花扇行船浮采女　꽃부채 든 여인 배타고 나가는데
楊柳枝葉風流起　버드나무가지에서 바람이 일고 있었다.

상응 건입대사

若草山背園北半　약초산 뒤는 나라공원 북반에
奈良大佛重厚座　나라 대불이 중후하게 앉아 계신다.
國力頃注九年滿　국력을 경주하여 9년 만에 완성했다고 한다.
南門大殿鍾乘堂　남대문에서 대불전을 거쳐 종루 준승당
四三開堂二轉門　4월 3월당 개신당 2월당 전해문
戒壇回殿南總門　계단원을 돌아 다시 총남문으로 나온다.
二五二米重厚屋　25.2m 중후한 집

石川啄木像

히에이산의 사계강당

宋式山門國最大	송나라 양식의 산문은 국내 최대인데
鎌倉時代初再建	염창시대 초기에 재건하였다 하였다.
兩慶造成金剛像	쾌경 운경 두 사람이 만든 금강역사상
左右守門眼活動	좌우에서 문을 지키고 있는데 눈이 살아 움직였다.

구고 구난 관세음보살

東大金堂世界最	동대 금당은 세계에서 제일 큰 법당인데
高度四七三米陀	높이가 47.3m가 되고
間口五七木造建	문간 사이가 5.7m나 되는 목조건물이었다.
一九八○五十億	1980년 50억원을 들여
本格的大修理完	본격적으로 수리해 마쳤는데
本尊舍那十六米	본존 노사나의 높이는 16m
三月法華禮拜堂	3월당 법화당은 본당에 예배드리는 집인데
不空日月兩大像	불공견색관음과 일·월광 양대보살이 모셔져 있었다.

三角正倉組合構	3각으로 지어진 정창원은 여러 가지 나무를 조합해 구성한 것,
聖武遺品御物納	성무황제 이후 유품들을 저장해 놓았는데
每年十月下旬頃	매년 10월 하순경에
博物公開展示會	박물관에서 공개 전시한다 하였다.

正倉御物八世紀	정창원 어물은 8세기 전후 것이 많았는데
文化縮圖數千点	수천점 문화가 한데 축소되어 있었다.
多量中國物品類	많은 양이 중국 물품인데
當時留學生持物	당시 유학생들이 가지고 온 것이라 하였다.

히에이산 대법당

장곡사

③ 사기 사보지(佐紀 佐保路)

유마거사상

大寺左側紀保路　　큰 절 좌측에 기보로가 있는데
伎藝天像秋篠寺　　기예천상이 있는 추소사는
秋篠里中雜木中　　추소리 중 잡목 사이에 있었다.

轉割門北般若寺　　전할문 북쪽 반야사는
奈良舊街沿道邊　　나라구가 연도변에 있는데
國大十三層石塔　　일본에서 제일 큰 13층 석탑이 있었다.

二月堂中水取事　　2월당 안에서 행하는 수취사는
異色荒行大淸掃　　이색 황벽의 대청소행사로
若狹井戶本尊供　　약협정에서부터 정호물을 써 본존께 공양하고
香水汲式國祚瀨　　향수급식을 한 뒤 나라 잘 되기를 빌었다고 한다.

유리당

法華寺西平城跡　　법화사 서쪽 평서궁 유적지에는
天皇住處朝堂院　　천황이 머무르던 조당원과
東院太子官廳街　　동원 태자가 머물던 곳. 관청가에는
出土資料陳列品　　출토품 자료들이 진열되어 있었다.

元明元正聖武謙　　원명 원정 성무황제 고겸해
淳仁稱德光七代　　순인 칭덕 광인제까지 7대는
光明淳仁謙皇后　　광명황후 순인황후 고겸황후 등이
女性支配歷史代　　역사를 지배하여 여성시대를 형성했다고 한다.

전교대사상(자하연 관음사)

사경하는 불자들

④ 도노오(當尾)

當尾岩船瑠璃寺 당미에 있는 암선사 정유리사는
元屬京都文化良 원래 교도에 있는 것인데 문화상 나라에 속한다.
石船門前稱船寺 돌배가 문앞에 있어 암선사라고도 불렀다고 한다.
右手本堂左石塔 오른쪽에는 본당이 있고 좌측에는 석탑이 있었다.
十三重塔風景重 13층 중탑은 풍경도 장중하게 보였다.

전쟁미망인 조각상

瑠璃淨寺當尾通 유리정사는 당미에서 바로 보이는데
優雅本堂三重塔 아름다운 본당과 3중탑이 있었다.
平安貴族願淨土 평안시대 귀족들이 정토왕생을 발원하여
九尊彌陀吉祥天 아홉 분의 미타불과 길상천을 조성해 놓았다.

江戶時代名劍客 강호시대에는 이름난 검객들이
東朝條殿會見場 동조시대에는 회견장으로 썼다고 한다.
東室長堂半南分 동실의 긴 당을 반분하여
如來安置禮拜堂 남쪽에는 석가여래를 안치 예배당으로 쓰고
北半僧侶居處房 북쪽반은 승려들이 거처하는 방으로 쓰고 있었다.

신호대교

藥師境內彩色塔 약사 경내 채색된 탑
天武皇帝祈病寺 천무황제가 병을 빌기 위해서 세운 절
東塔藥師三尊佛 동탑에는 약사 3존이 있고
白鳳天平佛足石 백봉 천평시대 불족석도 있었다.

東塔高度三四米 동탑 높이는 34m
六重塔型實三重 6중탑처럼 보이나 실은 3중탑이었다.
裳階律動感賞美 날으는 계단을 오르고 내리면 율동감상미가 있는데
特爲輪上水煙型 특이한 것은 윤상이 수연형을 이루고 있는 것이다.

⑤ 히에이산지(比叡山寺)

연역사 계단원

比叡清淨山空氣	히에이산의 맑고 깨끗한 공기여,
自然空谷多樣寺	자연 빈골에 절들도 많네.
處處寺庵文化財	곳곳에 절과 암자가 널려 있으니
東西兩塔橫川是	동서 양탑과 횡천이 그것이다.
東塔中堂根本堂	동탑은 중당의 근본당이다.
長行十一奧六間	길이가 11칸 넓이가 6칸
前庭回廊大建築	앞뜰에 회랑이 있는 대건축물인데
中央須彌內外陳	중앙 수미단을 중심으로 내외로 꾸며져 있다.
內陳僧侶參拜席	내진은 스님들이 참배하는 곳이고
外陳一般訪問客	외진은 일반 방문객들이 참배하는 곳이다.
最澄本作藥師佛	최징스님이 만든 약사부처님을 본존으로 모시고
開倉不滅法寶燈	개창 이래 꺼지지 않는 법등이 있는데
千二百年如一日	1200년을 하루같이 켜지고 있었다.
世界平和萬民安	세계평화와 만민의 안락을 위해서.
國寶殿裏寺寶存	국보전 속에는 사보들은 보존하고 있는데
傳教大師親筆墨	전교대사의 친필묵으로부터
像畵書跡美術工	불상 불화 서적 미술 공예품에 이르기까지
古考資料數百占	고고학 자료 수백점이 모여져 있는데
其中國寶六十三	그 중 국보만도 63점이나 된다고 하였다.
二層木材大講堂	2층 목재 대강당에서는
五年一度法華會	5년에 한 번씩 법화 강연회를 가지는데
大日如來本尊佛	대일여래 본존불을 모시고
法然親鸞榮西師	법연 친난 영서스님과
道元日蓮木造像	도원 일연스님의 목조상을 모셨다.
前庭開運大鐘閣	뜰 앞에는 운을 부르는 큰 종각이 있었다.

천왕상

大黑文殊摠持園　대흑당과 문수당 총지원
彌陀戒壇淨土院　미타당 계단 정토원이 있는데
招福三面大黑天　3면 대흑천은 복을 부르는 신으로
一山平安出世祈　한 산중 평화와 출세를 기도하는 장소라 하였다.

부동명왕 이부동자

慈覺大師圓仁創　자각대사 원인이 개창한
文殊院文殊奉安　문수원은 문수보살을 모신 곳인데
傳敎計劃慈覺建　전교대사가 계획한 것을 자각대사가 창건하였으나
燒失元三復再建　소실되어 원삼대사가 다시 재건했다 한다.

東塔灌頂寂光堂　동탑 관정 적광당
彌陀摠持法華院　미타 총지 법화원
一堂異名多用道　한 집을 여러 이름으로 부르면서 다용도로 쓰고 있었는데
東塔上層佛舍利　동탑 상층에는 불사리를 모시고
法華千部心經五　법화경 천부와 반야심경 50만권
百萬佛號寫經納　백만 부처님의 명호를 사경해 넣었고
下層須彌胎藏界　하층 수미단에는 태장계
大日如來五方佛　대일여래와 5방불을 모셨다.
特爲阿彌陀佛堂　특히 아미타불을 모신 법당에는
全國信徒先祖奉　전국 신도들의 선조를 봉안하여
念佛回向一一行　염불회향을 날마다 실천하고 있었다.

석가 삼존상

戒壇一世義眞創　계단은 일세 의진대사가 창건한 것인데
內陳本尊釋迦像　안에는 본존 석가상을 모시고
左右僧形殊彌勒　좌우에는 스님 모습의 문수·미륵보살을 모셨다.

無動寺谷回峰處　무동절골은 천일 회봉처로서
不動明王弁才天　부동명왕 변재천녀를 모셨는데
一般出入禁止區　일반인들은 출입이 금지되어 있었다.
南谷急斜至極危　남쪽 골이 급경사가 져 위험하기 때문이다.
白蛇出現弁天堂　백사가 출현했다는 변제천내당에서는

每年九月巳日行　매년 9월 뱀날 행사를 한다고 하였고
室谷中心明王堂　실곡중심의 명왕당은
千日此峰行者入　천일회봉하는 사람들이 들어가
六二三日萬拜畢　6월23일에 들어가 하루 동안 만 배를 해야 한다고 하였다.

西塔釋迦相輪幢　서탑에는 석가당 상윤당
椿堂惠亮瑠璃堂　춘당 회양당 유리당
黑谷靑龍淨土院　흑곡 청룡사 정토원이 있다.

迦堂本來法輪堂　석가당의 본래 이름은 전법륜당이다.
現在建物鎌倉代　현재 건물은 염창때 것인데
移秀園城彌陀堂　수길 원성사의 미륵당을 옮겨 놓은 것이라 했다.

42수 관세음보살

根本中堂樣式同　석가당은 근본 중당과 양식이 같았다.
正面七間前方二　정면 7칸 전방 2칸
簡素斗拱連子窓　간소한 두공에 연자창이 달려 있었다.
椿堂安千手觀音　춘당에는 천수관음이 모셔져 있는데
聖德太子入山地　성덕태자 입산지라고 하였다.

釋迦堂左惠亮堂　석가당 좌측에 있는 혜양당은
惠亮大師紀念堂　혜양대사를 기념하기 위해 지은 당이었다.
惠亮慈覺大師弟　혜양대사는 자각대사 원인의 제자로
現密二敎通達人　현밀 2교에 통달한 사람으로
西塔興融繁盛師　서탑을 흥융하고 번성케 한 스님이라 하였다.

연역사 근본중당

相輪幢釋迦堂左　상륜당은 석가당 좌측
後方山林中建立　후방 산림 가운데 건립되어 있는데
高度十米內藏經　10m 고도에 안에는 법화경 · 대일경이 모셔져 있다 하였다.

瑠璃堂靑龍寺下　유리당은 청룡사 아래 있는데
藥師如來本尊佛　약사여래를 본존으로 모시고 있었다.
室町末期建築式　건축 양식은 실정 말기의 것이다.

黑谷青龍聖觀音　흑곡 청룡사에는 성관음을 본존으로 모시고 있고
元三維摩大士像　원삼대사 유마거사 상을 모셨다.
開眼時黑天出現　개안할 때 흑천이 나타나
故稱黑谷青龍寺　그러므로 흑곡 청룡사라 불렀다.
別天念佛修行場　염불 수도장으로는 별천지다.

단풍속의 히가시혼간지

橫川中堂四季堂　횡천에는 중당 4계당이 있고
法塔惠心不動堂　법탑 혜심당 반실부동당
元三御廟行定院　원삼 어묘 행원 정광원이 중심이다.

橫川之谷般若脫　횡천 6곡은 반야 해탈
兜率戒心飯室芳　도솔 계심 반실 향방이었다.
慈覺大師圓仁整　자각대사 원인이 정돈하고
元三大師良源備　원심대사 양원이 정비하였다 한다.

慈覺中國巡禮後　자각대사가 중국순례 후
身體虛弱頃命幾　신체가 허약하여 명이 경각에 있어
橫川隱遁草庵建　횡천에 은둔 초암을 짓고
死待修行天加護　죽을 때를 기다리며 수행했는데 하늘의 가호를 입어
夢中靈藥康回復　꿈 가운데서 영약을 받아먹고 건강을 회복하니
法華寫經楞嚴院　법화경과 능엄경을 사경해 능엄원이라 불렀다.

四季講堂康保四　4계 강당은 강보 4년(967)
法華論議古定房　법화경을 논의하는 고정된 방으로
慈惠大師良院住　자혜대사 양원이 살았던 곳이다.
彌勒菩薩奉本尊　미륵보살을 본존으로 모셨다.
慈覺大師圓仁師　자각대사 원인스님은
書寫經典奉納所　경전을 서사하여 이곳에 봉안했다.
名稱根本如法塔　근본명칭은 여법탑이었다.
淨土教素惠心堂　정토교소 혜심당은

신장상

往生要集著作所　왕생요집 제작소로
六字名號彫石柱　육자명호를 돌기둥에 새겨놓고
每年六月初十日　매년 6월초 10일
報恩法要惠心講　보은법요로 혜심경을 강의한다 하였다.

慈忍和尙飯室堂　자인화상이 창건한 반실당
每月第二日曜日　매월 제2 일요일
二十八日護摩供　28일 호마법으로 불공하는데
周圍長壽松禪院　주위에는 장수원과 송선원이 있었다.

天台末寺諸弟子　천태 말사 제자들이
修行道場比叡院　수행하는 도량이 히에이산 행원이다.
每日佛向單鍊行　매일 부처님을 바라보고 단련행을 하는데
春夏秋三二個月　춘·하·추 3계절에 2개월씩
日蓮住坊定光院　일연스님이 거주하던 정광원에서 공부한다고 한다.
境內石碑銅像立　경내에는 돌비석과 동상이 서 있었다.

세계문화재로 지정된 이끼

佛像四天王立像　불상도 4천왕입상과
不動明王聖觀音　부동명왕 성관음
千手觀音毘沙門　천수관음 비사문
黑天觀音維摩像　대흑천 관음상과 유마상

不動明王二童子　부동명왕 2동자
毘沙門天王脇侍　비사문천왕 협시를 모셨고
佛畵種類多樣化　불화 종류도 다양하였다.
寶相華毛金銅箱　보상 화모 금동상
紺紙金銀法華經　감지에 금은으로 쓴 법화경
傳教大師入唐牒　전교대사 입당첩은
各各國寶指定像　각각 국보 보물로 지정되어 있었다.

법화총지원 동탑

⑥ 이가루카(斑鳩)

生駒山地東斑鳩　　생구산 동쪽에 있는 반구는
聖德太子斑鳩宮　　성덕태자 반구궁이 있는 곳
法融法起法輪寺　　법융사 법기사 법륜사
三塔有名田園風　　유명한 세 탑이 전원풍을 일으키고 있다.

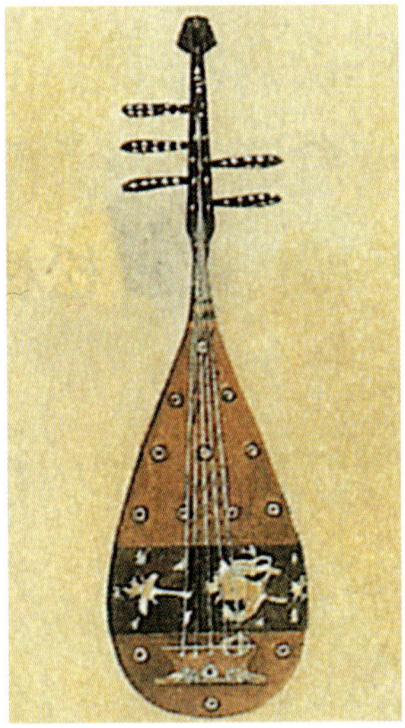

5현비파

法融正式學問寺　　법융사의 정식이름은 법융학문사이다.
世界一番木造建　　세계 1번 목조건물이 있고
境內東西有兩院　　경내에는 동서 양원이 있는데
東院太子斑鳩宮　　동원은 태자의 반구궁으로
夢殿或名傳法堂　　몽전 혹은 전법당이라고 불렀다.

西院法融呼部分　　서원의 부분을 법융이라고 부르는데
南中金堂五重塔　　남문 중문 금당 5중탑이 있다.
南門圓通松柏木　　남문은 원통 송백목
中門大棟柱持門　　중문은 대동 주지문
左右金剛力士像　　좌우 금강역사상
金堂世界最古木　　금당은 세계 최고의 목조건물이라 하였다.

어린이법회를 보고있는 일본스님

全體佛像安置檀　　전체 불상을 전단나무에 안치해 놓았다.
釋迦三尊莊嚴像　　장엄한 석가 3존은
古拙微笑止利作　　고졸한 미소를 짓고 있는데 지리불사가 만든 것이고
藥師彌陀地藏像　　약사 미타 지장상
四天王像飛鳥彫　　4천왕상은 비조시대의 조각상이었다.

金堂西部五重塔　　금당 서쪽 5중탑
初層四方悲釋迦　　초층 4방에는 비련 석가가 새겨져 있다.
藤原時代大講堂　　등원시대 지은 대강당에는
藥師三尊四天王　　약사 3존과 4천왕이 있고
回廊神殿摸樣式　　회랑은 신전양식을 따서 만들었다.

大寶藏殿南北中 대보장전의 남창 북창 중창
三倉內示寺寶展 3창 내부에는 절 보배를 전시하고 있었다.
急見速疾半日要 급히 보아도 반나절은 걸리는데
百濟長身觀音像 백제 장신 관음상과
玉虫羽張虫廚子 옥충우장 충주자
童子姿勢夢觀音 동사자세 몽관음
百萬陀羅尼經內 백만다라니경 속의
百萬小塔六觀音 백만소탑과 6관음은
最高國家寶物級 최고 국가 보물급이었다.

금강역사

夢殿屋根優雅美 몽전은 나무로 지었는데 우아하고 아름다웠다.
八角願堂上寶珠 8각원당 뒤에 보주를 박았는데
本尊救世觀音像 본존은 구세관세음보살이었다.
岡倉天心秘密佛 강창천심의 비밀불로
飛鳥藝術最傑作 비조예술의 최고 걸작이라 하였다.
聖德太子等身像 성덕 태자 등신불과
天平肖影行信像 천평시대에 만든 행신스님 상도 있었다.

학춤(사찰행사 의식)

東院講堂傳法堂 동원강당은 전법당인데
天平住宅建築見 천평시대주택 건축상을 볼 수 있었다.
天井內部板張室 천정 내부가 판장으로 되었는데
橘夫人邸宅跡傳 귤부인저의 집이라 전했다.

생전신사

傳法右手中宮寺 전법당 오른쪽에 중궁사가 있는데
太子母后住宅寺 태자의 어머니가 살던 절이다.
本尊彌勒半跏像 본존은 미륵반가상이고
日本最古刺繡物 일본 최고 자수물도 있었다.
天壽國繡張要物 천수국수장은 중요한 술잔인데
橘夫女郎太子妃 귤부여랑이란 태자비가 만든 것이라 하였다.

法輪先建法起寺 법륜사보다 먼저 지은 법기사는

日本最古三重塔	일본 최고의 3중탑이 있었다.
卍字高蘭二四米	만자를 가지고 높이 난간을 지어 24m까지 모셨다.
法融水邊法輪寺	법융 북쪽의 법륜사는
山背大兄王建築	산배대형왕(성덕태자 아들)이 지은 것이었다.

대형온천의 우아한 모습

⑦ 야마노베미치(山の邊道)

北邊道路大和盆	북변 도로는 대화분지로 둘러싸여 있는데
連山奈良樓井通	연다라 산을 넘으면 나라와 독정으로 가는 곳이었다.
日本最古道路網	일본 최고 도로망으로
古代步道傳說多	걸어 다녔을 때는 전설도 많았다 한다.

자연교실

神武天王七支刀	신무천왕 7지도를
保存石上神宮殿	보존하고 있는 석상 신궁전
釜口大師長岳寺	부구대사 장악사
鎌倉時代建佛像	염창시대 건물과 불상
二四ㅇ米崇神陵	240m나 되는 숭신릉
前方後園堀陪塚	전방 후원 굴 배총
付近景行天皇陵	부근에는 경행천황릉도 있었다.

일본 특유의 바다음식

三輪明神大神社	삼륜명신 대신사
三輪鳥居酒藥神	삼륜산 산신이 사는 곳에는 주약신도 모셔 놓았다.
輪山背井古境社	윤산 뒤의 우물 앞에는 고분가신사가 있는데
伊勢結集繁榮所	이러한 것들이 한데 모여 번영을 누리는 역사터가 되었다.

⑧ 하세 · 무로우(長谷 · 室生)

大和南輪初瀨東　대화 남쪽 초뢰동
長谷寺活參道續　장곡사를 지나 계속해서 가면
長谷室生川邊到　장곡 실생의 천변에 이른다.
女人高野室生寺　여인 고야 실생사는
山寺自然花鳥樂　절도 좋고 자연도 좋고 꽃과 새도 좋았다.

長谷本堂十一面　장곡본당에는 11면 관세음보살이 모셔져 있고
法華說相銅版圖　법화경 설법당이 동판으로 제조되어 있었다.
密敎寺院室生寺　밀교사원 실생사는
興福僧侶賢憬造　흥복사스님 현경이 지은 것인데
女人禁制高野山　여인들이 오지 못해 고야산이라 불렀다 한다.
柿葺彌勒右釋迦　감나무 금당에는 미륵불이 주불이고, 오른쪽 에 석가를 모셨다.
金堂本尊釋迦像　금당에는 석가본존과
十一觀音十二將　11면관음 12신장이 모셔져 있었다.

檜皮葺造灌頂堂　회피로 만든 관정당은
鎌倉時代如意輪　염창시대 조성된 여의륜보살을 모셨는데
水煙寶輪五重塔　수연보륜의 5중탑은
高度十五六米陀　그 높이가 15.6m나 되었다.
傳說弘法一夜造　전설에 홍법대사가 하룻저녁에 지은 것이라 한다.

室生寺西大野寺　실생사 서쪽에 있는 대야사에는
大岸壁川磨崖佛　대안벽천변에 마애불이 있는데
日本最大彌勒佛　일본에서 가장 큰 미륵부처님이라 하였다.

온천 호텔 식당

온천지대 길 안내도

일본 특유의 오뎅음식

⑨ 아즈가지(飛鳥路)

明日香村飛鳥路　명일향촌 비조로는
橿原樓井北葛城　강원 누정 북갈성으로
田園地帶古都城　전원지대 옛 도성으로
文化遺跡處處散　문화유적이 곳곳에 산재해 있었다.

먹음직스러운 해물

初代天皇橿原宮　초대 천황 강원궁
飛鳥資料展示館　비조자료 전시관에는
宮寺古墳萬葉石　궁 사 고분 만엽 석
高松村墳展示說　고송촌분 등을 전시해 설명하고 있었다.

古代史跡甘橿丘　고대사적 감강구
蘇我馬子飛鳥寺　소아마자의 비조사(안거사라고도 했음)가 있고
法興寺址發掘中　법흥사지는 발굴중
釋迦銅造飛鳥佛　비조시대에 만든 석가여래 동불도 나왔다고 한다.

飛鳥寺東花崗巖　비조사 동쪽에 화강암이 있는데
奇妙模樣酒造彫　기묘하게도 술 빚는 조각상이 있어 유명했고
聖德太子誕生地　성덕태자 탄생지에
橘寺遺跡亦發掘　지었던 귤사 유적 또한 발굴 중이었다.

깔끔한 다다미방

橫穴式室露出墳　횡혈식 석실분이 노출된 곳도 있고
中將傳說当麻寺　중장 전설이 있는 당마사는
西方淨土入口考　서방정토의 입구가 아닌가 고찰중이었다.
按井眞南多武峰　안정 진남 다무봉에는
談山神社聖林寺　담산신사와 성림사가 있었고
日本三殊文殊院　일본 3대 문수를 모신 안부문수원엔
文殊脇侍善財童　문수협시로 선재동자를
慶快彫刻合格祈　경쾌하게 조각해 놓아 합격을 기도하는 사람들이 많았다.

⑩ 요시노(吉野)

台高山脈吉野縣	대고산맥에 있는 길야현은
奈良半分占有地	나라현 반을 차지할 정도로 땅이 넓었다.
修驗道地金峰寺	수험도지 금봉사
本堂藏王東大模	본당 장왕은 동대사 모양을 본땄다.
自然柱木豪快驚	자연스럽게 기둥을 세웠는데 호쾌하기 그지없다.
板繪着色廻船圖	색칠한 판화선도를 돌아가며 그려놓았다.
金峰寺坊吉神社	금봉사 승방 길수신사는
南朝神社書院様	남조신사 서원의 모양을 따
醍醐天皇王座間	제호천황이 옥좌에 있을 때 만들었다고 하는데
古文樂器武具陳	고문 악기 무구들을 진열해 놓았다.
天皇寺中寶物館	천황사 중의 보물관에는
木造彩色藏王像	목조로 채색한 장왕의 권현상과
楠木正行辭世歌	남목정행이 세상을 떠나면서 부른 노래가
如意輪寺中留鎮	여의륜사 가운데 남아 있었다.
聖德太子竹村院	성덕태자가 지었다는 죽촌원은
大和名園椿山寺	대화 때 이름난 공원 춘산사로
大利休造群芳園	대이휴조가 군법원으로 쓰던 것을
細川幽齊改修存	세천유재가 개수하여 놓았다 한다.
寺裏圓墳天皇墓	절 안에 둥글게 써진 천황의 분묘는
京都向築悲願物	경도를 향해 쌓아놓은 비원의 물건이었다.
吉野高級建材木	길야는 고급 재목을 건조하는 곳인데
餘材加工副箸生	재목을 다듬고 남은 것을 젓가락으로 생산하였는데
堅固美麗獨特香	견고하고 아름답고 독특한 향이 나서
吉野名物世界宣	길야의 명물로 세계에 알려지고 있었다.

쇼소인(正倉院)

6. 오오사가(大阪)

關西京都京阪神　관서 경도를 경판신이라 한다.
京都阪事神戶住　경도는 정치도시이고 대판은 사업장, 신호는 주거지기 때문이다.
京都文化關西顔　경도는 관서의 문화 중심이고 얼굴이며
大阪神戶個性有　대판 신호는 개성이 뚜렷한 경제 생활도시이다.

大阪西日政經文　대판은 서 일본의 정치 경제 문화도시이다.
古代難波石山寺　고대 난파 석산사
江湖時代大阪城　강호시대 대판성
展展發展繼承史　전전히 발전하여 역사를 계승해 가고 있다.

원주민들의 춤과 노래

台北高地大阪城　삼정대북고지에 대판성이 있는데
豊臣秀吉本願築　풍신수길이 본원사지를 축조해 만든 것을
德川家康再建現　덕천가강이 재건해 현재에 이르고 있다.
外崛大手西丸底　외굴대수문과 서환정원은
市民愛重至極誠　시민들이 지극히 사랑하고 중히 여기고 있는 곳이다.

世界最大水族館　세계 최대 수족관

아누이족 문화회관

天保山中海遊館　　천보산중 해유관
明治二年造幣局　　명치 2년(1869) 조폐국은
貨幣鐵造勳章生　　화폐를 주조하고 훈장을 생산한다고 한다.
大阪科學技術館　　대판과학기술관
昭和三八年開館　　소화 38년(1963) 개관하여
科技實物模型說　　과학기술을 실물크기로 전시 모형을 설명하고 있었다.

上町坌地天王寺　　상정대지 천왕사는
聖德太子一古寺　　성덕태자의 한 고사로서
中門塔堂直講堂　　중문 탑당 강당이 일직선으로 되어 있는데
西門石鳥國最古　　서문 석조는 국가에서 가장 오래된 건물이라 하였다.
扇面法華國寶重　　부채 위에 쓴 법화경도 국보로써 중히 여겼다.

도돈굴의 야경

境內住吉大神社　　경내에 주길대신사가 있는데
神功皇后遠征新　　신공황후가 신라원정 때
功勳同南三神社　　똑같이 공을 세운 세 사람을 모시고 있기 때문에
海洋派遣守護神　　해양에 파견할 때 수호신이 되고
航海安全祈禱所　　항해할 때는 안전을 기도하는 장소가 되어 있었다.

大阪北部千里丘　　대판 북부에 천리구가 있는데
萬國博覽紀念園　　만국박람회 기념공원이 있었다.
關西國際空港局　　관서국제공항국은
大阪灣沖十里頃　　대판만에서 십리 떨어져 있었다.

신호항

梅田空中展望台　　매전공중전망대는
地上一七○米陀　　지상 170m나 되고
復合文化天保山　　복합문화천보산은
四四六席映像樂　　446석의 자리를 놓아 영상 오락을 즐기게 되어 있었다.
美術所藏企劃展　　미술품도 소장했다가 기획전을 연다고 했다.
明石海峽大橋梁　　명석해협 대교량에 가니
六甲神戶遠展望　　6갑 신호가 멀리 바라보였다.

7. 고베 · 다카라조카(神戶 · 寶塚)

진호당

이천문

大阪列車西半時　대판에서 열차로 서로 반시간 가량 가면
六甲山地山綠海　육갑산의 푸른바다와 산이 보인다.
明治維新開港後　명치유신 때 개항한 이후
歌劇溫泉寶塚生　가극 온천 보총이 생겨 유명하다 하였다.

神戶突提異人館　신호 돌제 이인관
六甲北山避暑地　육갑 북산 피서지
山莊牧場遊園地　산장 목장 유원지가 중심인데
夜景百萬拂有名　저녁 경치는 백만불짜리라 하였다.

六甲高山植物園　육갑 고산 식물원
十周展望台於間　10주 전망대 사이
國內植物千二百　국내 식물 1,200종을
本據地處柳生見　본거지로 살던 유생들이 있는데
途中石疊石佛像　가는 도중에 첩첩한 돌이 석불상을 형성하여
平安庭園優雅樓　평안시대 정원이 우아하기 그지없었다.

東海自然步道觀　동해를 바라보며 자연스럽게 걸어가는 길에는
柳生宗矩十兵街　유생들이 부리고 있던 열 분의 병정들과
父子一族墓芳德　부자일족의 묘지가 있는 곳에 방덕사가 지어져 있었고
正木坂道火跡地　정목판도는 역사적 유적지로 보존되고 있었다.

特爲岩船瑠璃寺　특히 암선사 유리광사는
山道連結野石佛　이어지는 산길들에 석불이 새겨져 있어
日本稀有磨崖佛　일본에서 보기 드문 마애불로써
素朴表情魅力的　소박한 표정이 매력적이었다.

8. 사이보(西房)

奈良西房藥師寺　나라 서쪽에는 약사사와 당초해사가 있었다.
途中大和白壁家　도중에 대화시대 백벽가가 있는데
華麗靜寂個性風　화려 정적한 것이 개성있는 풍경을 이루고 있었다.

南大正面招提寺　남대문 정면으로 초제사가 있는데
境内中堂東御影　경내 중앙 강당이 있는 동쪽에는 임금님 영당이 있고
戒壇正倉古校倉　계단 정창원 고교창이 있는데
經藏寶物整然列　경장 보물들을 질서있게 진열해 놓았다.

金堂屋根八本柱　금당 옥근은 8본의 기둥으로 되었고
天平瓦甍鴟尾像　천평시대 계와가 치미를 이루고 있는데
本尊盧舍左右藥　본존은 노사나 좌우에는 약사불이 계시고
國大最古千手像　나라에서 가장 크고 오래된 천수상도 있었다.

御影堂内鑑智像　어영당 안에 감지스님 상은
靜強意志線傑作　정적하면서도 강한 의지를 가진 걸작품이었다.
金堂背後坪城宮　금당 뒤의 평성궁은
牧野太郎指導下　목야부태랑선생의 지도하에 만들었다 한다.

감자 개살 지지미

反射望遠宇宙鏡　반사망원경으로 우주를 비쳐보는
六甲天文通神館　육갑 천문 통신관에서는
星座通信電氣整　별자리 통신 전기를 조정하고 있다고 하였다.

三宮海側神戸港　삼궁바다 및 신호항은
天然良港貿易地　천연의 양항으로 무역하는 곳이었다.
外國航路觀光船　외국항로 관광선의
發着突提神戸橋　발착하는 신호교는
一方通行百餘里　일방통행길이 백여리나 되었다.
ポ・トヌイウンド　뽀・도누이운트는

함관 온천

後山土削港埋立　뒷산을 깎아 항구를 매립하여
人工島嶼大埠頭　인공도서를 만들어 대부두를 형성한 곳
公園住宅學校地　공원 주택 학교부지
病院遊園紀念館　병원 유원지 기념관을 지어 놓았다.

양유공원

灘生日本酒産地　탄생은 일본의 술 산지인데
宮水良質播州朱　궁수 양질에 번주의 쌀
六甲寒風丹波氏　육갑 한풍에 단파씨의
技術開發吉野樽　기술을 개발, 길야잔을 써서
結局灘酒一味仙　결국은 일미의 신선주를 만들었다고 한다.

酒類背景白鶴館　주류를 배경으로 백학미술관을 개설해 놓았는데
中國古代青銅器　중국 고대 청동기와
陶瓷漆器刀劍類　도자기 칠기 도검류들을 전시해 놓았다.

다도하는 여인

寶塚歌劇溫泉地　보총은 가극 온천지로
植木苗木園藝盛　식목 묘목 원예가 성했던 곳이다.

日本漫畵大作家　일본 만화 대작가
手塚治虫紀念館　수총치충씨의 기념관은
寶塚市立常設展　보총시에서 만들어 상설 전시하고 있는데
見學工房皆体驗　견학 공방을 다같이 체험할 수 있게 되어 있었다.

寶塚歌劇本産地　보총은 가극의 본산지
動植物院合施設　동물 식물원을 종합적으로 시설해
家族團體觀光客　가족 단체 관광객들이 구경하게 하는데
花月雪星四組交　꽃 달 눈 별로 네 조를 짜서 달마다 교대하였다.

神戸列車西向進　신호열차를 타고 서쪽으로 나아가면
青松幷木續白砂　청송 병목을 지나 백사로 이어진다.
須磨海岸浜公園　수마해안부터 여러 공원들이

自然相對集中設　자연을 상대로 집중적으로 배설되어 있다.
三宮驛北異人館　3궁역 북쪽 이인관은
明治開港外人住　명치 개항 이후 외국인들이 거주하던 곳인데
領事邸宅今有在　영사의 저택이 지금도 남아 있었다.

元町驛北相樂園　원정역 북쪽 상락원에는
日家庭園小寺家　일본 가정식 정원에 작은 절간 같은 것이 있는데
重要文化洋館類　중요문화재로 지정된 양관류였다.

關西山陽中間姬　관서 산양 중간에 희로가 있는데
播磨地方交通要　번마지방의 교통요새지였다.
現在播磨地工業　현재는 번마의 공업지대로
鐵鋼電氣主生産　철강 전기를 주로 생산하는데
此地名城姬路有　여기 이름 높은 희로성이 있다.

연어알

以上京都大阪城　이상 경도 대판성과
神戶一帶重要地　신호일대 중요지의
文化探訪所作詩　문화를 탐방하고 지은 시로
間間所感欣味頌　간간히 생각하며 음미하여 노래 불렀다.

알을 낳고 있는 연어들

9. 홋카이교(北海京)

① 홋카이온센(北海溫泉)

등별 노천온천

美溫趣味野口光　아름답고 따뜻하고 맛좋은 야구관광에는
登別洞爺層雲峽　등별 동야 층운협
函館室蘭北湯驛　함관 실란 북탕역
苫小牧等多種類　점소목등 다양한 종류가 있었다.

登別硫黃露天風　등별은 유황 노천풍이 있고
洞爺湖畔空中浴　동야는 호반 공중탕이며
層雲朝陽弦音湯　층운은 조양에서 음악소리를 들으며 목욕할 수 있는데
岩木浴槽異質樣　암목은 이질로 욕조를 만들어 그 질이 다양했다.

북해도 맥주회사 안내원

函館啄木雲海湯　함관 탁목은 운해탕이고
白露白雪野景美　백로 백설은 야경미가 좋았다.
北湯開放露天湯　북탕은 개방된 노천탕인데
單純低溫景色奇　단순하면서도 저온에 경색이 특이하였다.

交通便利室蘭湯　교통이 편리한 실란탕은
蘭驛徒步八分距　실란역에서 도보로 약 8분 거리에 있었다.
苫小空港近處有　점소목탕은 공항 근처에 있어
市中浴湯自然惠　대중 욕탕인데도 자연의 혜택을 만끽할 수 있었다.

夢也生也啄木亭　꿈이냐 생시냐 탁목정
函館湯之根元泉　함관탕의 근원천
樹鈴百年松柏木　수령백년 송백목
由緒銘底松岡園　유서깊은 송강원

연어를 포식하는 곰

異國文化天主教　이국문화 천주교가 있어
修道院受洗禮法　수도원의 세례도 받고

조양 온천

海路漁場開拓者　　해로 어장을 개척한
高田屋嘉兵衛像　　고전옥의 병위상도 볼 수 있었다.

② 랭히이세상(鰱魚世の中)

숲속 온천

海森生命之環境　　해삼 생명의 환경지인
北海道熊公天地　　북해도는 곰의 천국이었다.
川底石間秋産卵　　얕은 개울 숲 사이에 산란한 가을 연어가
孵化泳出北海養　　부화하면 북해에 나아 자라다가 다시
復卵歸鄕熊食料　　산란기가 되면 고향에 돌아와 곰 밥이 된다.
如是鰱魚一生歷　　이와 같은 연어의 일생 이력을
千歲花園水車觀　　천세시 화원 수차원에서 볼 수 있었다.

마리아 온천

③ 아누이족박물관(阿糯夷族博物館)

阿糯夷族先祖先　　아누이족 선조에 선조들은
日本東北棒太南　　일본 동북 사할린 남
和人露西混在生　　화인 노서아인들과 섞여 살았는데
北海白老札幌御　　북해도 백노 삿보로
登別室蘭留壽都　　등별 실난 유수도
洞爺支笏兩湖邊　　동야 지홀 두 호숫가에서
原始進化文明國　　원시생활을 하다가 문명국으로 진화하였다.

북해도 맥주회사

阿糯夷民族博物　　아누이 민족박물관에는
小家祭壇左前家　　작은 집 제단 옆집 앞집
奧家大家犬熊家　　뒷집 큰집 개집 곰집을
事實構想爲体驗　　사실적으로 구상하여 체험하게 하였는데
博物館商街物件　　박물관 상가의 물건들을 보고
歌曲視聽我祖想　　가곡들을 보고 듣고 나니 우리 조상들이 생각났다.

④ 홋카이도 맥주공장(北海道 麥酒工場)

北海道麥酒工場　　북해도 맥주공장
敷地三十六萬平　　부지 36㎢
綠地十六萬平方　　녹지 16만 ㎡
從業員數臺百名　　종업원수 백명
年間製造三億本　　연간 제조 3억4천만본

原料製麥仕込室　　원료 제맥 사압실을 거쳐
醱酵貯酒熟成室　　발효 저주 숙성실을 보고
洗淨檢査出荷場　　세정 검사 출하장을 지나
試飮場笑萬國人　　시음장서 실컷 마시고 만국인과 웃었다.

⑤ 도마코마이(苫小牧市)

北海道在苫小牧　　북해도에 있는 점소목시는
昭和年間開拓地　　소화년간에 개척된 땅이었다.
八王子千人同心　　8왕자와 뜻을 같이 한 천명의 사람들이
歷史浪漫實記碑　　낭만적인 역사를 개척한 비가 서 있었다.

史蹟公園資料室　　사적공원자료실에는
王子製紙輕鐵道　　왕자제지와 경철도가 있고
日光東照寶物館　　일광동조보물관이 있었으며
自然生態樽前山　　전존산에서는 자연생태를 구경할 수 있었다.

季節木花雪風景　　계절 따라 자라나는 나무와 꽃, 설풍경
淸淨溪谷魚獸類　　청정계곡의 어수류
群鳥野遊一幅畵　　들판에서 놀고 있는 뭇 새들은 한 폭의 그림이고
海水靑緣天一色　　푸른 바다 맑은 물 하늘은 한 가지 색이었다.

맥주원료 밀

맥수생산 과정(원료 → 제맥)

맥수생산 과정(발효 → 저주)

맥수생산 과정(여과 → 검사)

맥수생산 과정(첨품 → 출하)

시계탑

일본에서는 보기드문 교회

통야 온천

⑥ 오도리고앤(大通公園)

北海大通大公園　북해도의 대통공원은
十三丁目一五長　13정목의 길이가 1.5km나 되었다.
一八六九開拓時　1869년 북해도 개척시
計劃都市構想中　계획도시 구상중
官街中心商業街　관가와 상가 중심거리를 만들고
中央公園休息所　중앙에 휴게소를 만들었다.

自西一正塔　서쪽으로부터 일정목에는 타워가 있고
二彫刻碑邊　이정목에는 조각비가 있었으며
三正噴水　3정목은 분수
四野外場　4정목은 야외 공연장
八樂藝術　8정목에서는 예술을 즐길 수 있고
九遊泳路　9정목에는 유영장
十二水路　12정목에는 물길
十三資料　13정목에는 자료들이 비치되어 있었다.
樹木花茸　나무와 숲 꽃과 풀들이 즐비하여
遊場道具　노는데 필요한 도구들이 다 갖추어져 있었다.
晝夜觀光　주야로 관광해도
無厭證伏　싫은 마음이 나지 않게 되어 있었다.

二月上旬雪祝祭　2월 상순에는 눈 축제
十一月下雪化粧　11월 하순에 눈 화장 속에서도
三十八萬電燈飾　38만개나 되는 전등이 켜지고
九月特産交流展　9월에는 지방특산물 교역전이 벌어지고
八月中旬自由詩　8월 중순에는 자유시 발표회가 있으며
七月下旬多樣事　7월 하순에 다양한 일들이 벌어진다 하였다.
六月上旬群舞演　6월 상순에 군무의 공연이 있고
六月下旬花祝祭　6월 하순에는 꽃 축제가 있으며,
五月下旬苗木場　5월 하순에는 묘목시장

一八丁目季節花	1·8정목에 계절의 꽃들이 만발해 있는데
薔薇種類十餘個	장미 종류만도 10여 종이 되었다.
樹木花香滿天市	나무 꽃향기가 하늘과 시내를 꽉 채우고 있었다.

헤이안 진구

⑦ 연화왕원 33칸(蓮華王院 三十三間)

京都東山七條里	교토 동산구 칠조리에
距今一一六四年	거금 1164년 전
後白河上皇造營	후백하상황께서 조영한
一千觀音像奉安	1천관음상을 봉안한
國有三十三間堂	국보 33간당이 있었다.

천수관음 〈산주산갠도〉

中尊千手觀音像	중존 천수관음상과
千体千手觀音像	천체 천수관음상
二十八部神將像	장부 신장상을 모셨는데
特異相好傑作品	상호가 특이한 걸작품 들이었다.

稀有風神雷神像	희유하게 생긴 풍신 뇌신상과
迦樓阿修婆數仙	가루라신 아수라신 바수선인상은
即見肝膽暑氷堅	보기만해도 간담이 서늘하게 굳어졌다.

전법하는 대강당

敷地二千五百平	2,500평방미터나 되는
廣闊大地博物館	광활한 대지에 박물관까지 있어
終日觀覽無有盡	종일 관람해도 다할 수 없었다.

대판성

▥ 부록 1 : 日本佛教의 自尊心 사가이유우사이(酒井雄哉 大阿闍梨)

1. 히에이잔 엔라쿠지(比叡山 延歷寺)
2. 도오토오전경(東塔全景)
3. 지우도인(淨土院)
4. 어머니의 젖줄 비와고(琵琶湖)
5. 보우린지(寶林寺)
6. 이이무로다니(飯室谷)와 조우슈인(長壽院)

▥ 부록 2 : 법홍대종사 백일 회봉기

▥ 부록 3 : 일본불교사대영장일람표(日本佛敎四大靈場一覽表)

▥ 부록 4 : 일본불교를 중흥한 자혜대사(慈惠大師)

▥ 부록 5 : 오키나와 혼토(沖繩本島)

日本佛教의 自尊心 사가이유우사이(酒井雄哉 大阿闍梨)

1. 히에이잔 엔라쿠지(比叡山 延歷寺)

우리는 일본불교의 자존심 주정웅재(사가이) 대아사리를 만나기 위하여 교토 제일호텔에 와 있었다.

10시30분 대한불교 원효종 종정 법홍(法弘) 대종사께서 검정 세단차 한 대를 가지고 오셨다.

"한・중・일(韓・中・日) 대회를 마치고 한국의 대표들이 히에이산 엔라쿠지(延歷寺) 천태종 본부에서 점심 공양을 하기로 했으니 거기 가서 공양을 하자"고 하였다.

히에이산 산중도로에 들어서니 숲이 울창하고 흐르는 물에서 맑은 공기가 코를 찌른다. 팔대용왕(八大龍王)을 모신 니지덴지(日天寺)를 지나 자하연(紫霞然)에 이르니 산정(山頂)까지 8km 밖에 되지 않는다는 표지판이 붙어 있고 '원숭이를 조심하라' 하였다. 히에이산은 세계의 명산으로 일년 내내 운무(雲霧)가 가득하여 천년 이끼(苔)가 풍족하다 들었는데 오늘 이야말로 날씨도 맑고 깨끗하여 강 밖의 경치까지도 한 눈에 들여다 볼 수 있었다.

"저기가 비파호이고 이것이 오오쓰시(大津市)이다."

이렇게 법홍스님께서 말씀하시는 순간, 산중유원(山中遊園)이라는 곳에 이르렀다. 경찰청 사람이 나와 인사를 하였다. 거기서 다시 고개 하나를 넘어 돌아가니 차가 다이고구덴도우(大黑天堂) 앞에 세워졌다.

대흑천당 앞에는 세계종교지도자 평화기념비가 서 있었다. 차에서 내리니 린자이슈 난젠지하(臨濟宗 南禪寺派) 법주부장 鈴木正澄과 종무총장 虎山秀禪 외 수명의 스님들이 정장을 하고 나와 환영하였다.

"어서 오십시오. 본진(本陳)은 아직 도착하지 않았습니다."

법홍스님이 인사하였다.

"감사합니다. 이 바쁘신 가운데서도 점심초대까지 해주시니."

말이 끝나기도 전에 본진의 일부가 도착하였다. 조계종 총무원장 월주(月珠)스님 그리고 원로원장 강석주큰스님, 태고종 총무원장, 관음종 종정, 총무원장 등 8명이 도착하였다. 히에이산 엔라쿠지(延歷寺) 부집행 총무부장 郎眞尊者스님이 안내하였다.

"우선 응접실로 들어가십시다."

하여 안내하는 곳으로 들어가니 안내실에는 히에이산 전경이 도면화 되어 있고 입구에는 히에이산 개조인 전교대사(傳敎大師)의 법어가 써져 있다.

"隅一于照"

응접실 중앙에는 전교대사(傳敎大師)의 존상을 모시고 그 좌우로 여섯 개씩 의자가 놓여 있고 전후 양면까지 전체 열네 개가 되었다.

앉자마자 차(茶)가 들어왔다.

연력사 부집사가 여러 어르신들께 인사하였다.

"3일 동안 수고가 많으셨습니다."

월주스님께서 답사하였다.

"잘 치루어진 것 같습니다. 재작년 중국에서 삼국대회를 할 때도 성대하였고, 작년 한국의 워커힐에서 할 때도 정성을 다하였는데, 금년 입정교성회에서 성력(誠力)을 다해서 치러 주시니 좋은 결실을 맺은 것 같습니다."

"서로서로 협조했기 때문에 잘 된 것이지요. 그저 감사할 뿐입니다."

鈴木正澄이 말했다.

"이번 대회에서 특별히 느끼신 점이 있다면 말씀해 주십시오."

월주스님이 말했다.

"중국대회는 우선 유대를 다지는 대회였고, 한국대회는 교육까지 겸했는데 이번 대회에서는 실천적인 행위가 역력히 들어난 것 같습니다. 앞으로 연합위원회를 두고 지속적으로 키워 나가도록 합시다."

"좋습니다."

"실로 서울대회는 성대하기는 하였지만 내적으로 질서가 조금 약했는데 이번 대회는 성대하면서도 질서가 있었습니다. 아마 국제행사에 경험이 많은 탓이 아닌가 생각하였습니다."

"감사합니다. 앞으로 여러 면에서 부탁드리겠습니다."

이상의 모든 말씀은 원효종 종정이신 법홍스님께서 통역하였는데 일본말 솜씨가 보통이 아니었다. 스님께서는 일찍이 일본에 들어와 대학, 대학원을 졸업하고 100일 회봉까지 마치셨으니 그럴 수밖에 없다고 생각하였지만, 80이 넘은 분으로서는 상상하기 어려울 정도로 언어 실력과 민첩한 행동이 유달리 눈에 띄었다.

이때 밖에서 사람들이 들어오면서 옵서버들이 도착하였다고 일렀다. 나가보니 백여 명 식구가 도착하였다. 나가면서 卽眞스님이 법홍종정 스님께 물었다.

"묘카구지(妙覺寺) 일은 어떻게 되어가고 있습니까?"

"어렵지요. 고생이 많습니다. 그러나 열심히 노력하고 있습니다."

卽眞尊者이 고개를 끄덕이더니 얼마 있다가 사무실에 다녀와서는 관음종 총무원장 홍파스님께 인사하였다. 이로서 보면 일본에서도 관음종 본부 묘각사가 불에 탄 것을 잘 알고 있는 것 같았다. 법홍스님께서 卽眞스님게 부탁하였다.

"오늘 일행 중 지도자 몇 분들은 잠깐 관장스님께 인사드리고 갈 수 있도록 해주십시오."

"알아보겠습니다. 우선 콘본츄우도오(根本中堂)으로 가십시다."

근본중당은 히에이산의 중앙법당으로서 도오토오(東塔) 연력사의 발상지이다. 대강당·법화총지원·계단·회관·선원 등 수십 동의 건물들이 모두 이 근본중당을 배경으로 하여 형성되어 있었다.

전교대사 사이초(最澄)이 연역 7년 서기 788 창건하였으므로 '연력사'라 이름이 붙게 된 것이라 한다. 원래는 이치죠오시인(一乘止觀院)이었는데, 그 곳에 손수 약사여래상을 조각하여 모심으로서 '약사전'이라는 별명이 생겼고, 히에이산의 중심 사찰이므로 '히에이산사'라 부르기도 한다고 하였다. 삼덕장군 도쿠가와이에이스(德川家光)의 명령으로 부흥, 간에이(寬永) 19년 서기 1642년 낙성 공양하고 그 후 몇 번의 수리를 거쳐 현재에 이르고 있다고 하였다.

가로 11칸 세로 6칸 하여 모두 66칸의 대법당이 이루어졌다고 한다. 중당 앞에는 'ㄷ'자 모양의 큰 화랑이 둘러져 있었다.

그 중 한 당 가운데 수미단(須彌壇)이 형성되고 그 안에 내외진(內外陳) 상중하단(上中下壇)이 차례로 설치되어 스님들께 법계(法階)대로 앉아 의식을 집행할 수 있게 되어 있었다.

본존불인 약사여래 앞에는 8각유등(油燈, 不滅의 法燈)이 세 개 놓여있는데 전교대사 이후 1200년 동안 한 번도 불을 꺼뜨리지 않고 있다고 한다. 끈질긴 전법의 의지를 표현하고 있는 것 같았다. 주로 기도는 '세계평화와 만민함락'을 위해서 한다고 하였다.

우리 일행은 설명을 들은 뒤 다같이 반야심경 일편을 독송하였다. 일본 스님들은 한 분도 법복을 입지 않은 분이 없었는데 우리는 장삼 입으신 분이 겨우 3,4명에 불과하여 안타깝게 느껴졌다.

그리고 일본 불자들의 의식은 모두 신을 벗고 꿇어 앉아 하는 것이 예인데 우리는 시간이 없어 모두 서서 하게 되어 죄송하게 생각되었다.

점심공양은 회관의 대중공양 실에서 하였는데, 법홍스님과 나는 역대 선지식을 모신 대강당을 다녀와 공양을 조금 늦게 하게 되었다. 회관 입구에 가니 두 분의 행자가 지하 식당으로 안내하였고, 식당 입구에 다다르니 신을 받아 넣고 슬리퍼를 내주는 사람이 있었다. 식당에는 스님들의 좌석과 신도들의 좌석이 엄격히 구분되어 있었다. 점심은 무채와 오이조림을 한 접시, 깻묵 한 접시, 간장 한 종지, 고구마·고추·버섯·가지 튀김 한 접시, 묵 한 접시, 귤 한 개, 호박과 우엉·머우·죽순·들깻잎튀김, 밀가루 떡 한 접시, 밥 한 공기, 국 한 공기 하여 각 개인별로 나왔는데 전혀 마늘과 파가 들어 있지 않았다.

나와 법홍스님, 불교춘추 최사장이 밥을 먹고 있을 때 월주스님께서 나가시면서 말했다.

"대회장에서 보았으니 그냥 가지요."

법홍스님께서 망연하였다.

"밥을 먹었으면 주인에게 인사하고 가는 것이 도리인데… 정히 그러시다면 좋을대로 합시다."

큰스님들은 나가고 법홍스님께서는 이제 막 공양을 들기 시작하였는데 연력사 부주지 郎眞大師께서 사람을 보내왔다.

"관장님께서 기다리고 계시니 빨리 오시라 합니다."

법홍스님은 공양도 드시지 못하고 나갔다. 종정실은 종무실 뒤 후미진 곳에 있었다.

『鎭護國家』라는 액자가 붙어 있는 곳으로부터 꼬불꼬불 방 서너 개를 거쳐 맨 마지막 구석진 방에 계셨다. 겨우 10명쯤 앉을 수 있는 작은 방이었다. 아무 것도 장식이 없고, 다만 다다미 위에 좌복만이 놓여져 있었다. 이러한 방을 한국에서는 뒷방 또는 골방이라 부른다. 앞은 천야만야(千也萬也)한 낭떠러지이나 전망은 밝고 좋았다. 86세의 노구에도 깨끗한 모습을 가진 스님은 명자 그대로 장로상(長老像)을 갖추고 있었다. 법홍스님이 소개하였다.

"이 분은 조계종 원로원장 강석주스님이시고, 총무원장 월주스님이시며, 관음종 종정 대천스님이시고, 태고종 총무원장 인곡스님이시고, 한국불교금강선원이사장 한정섭 법사입니다."

"찾아주셔서 고맙습니다."

월주스님께서 말씀하셨다.

"많은 대중을 거느리고 전법도생(傳法度生)하시느라 수고가 많으신 가운데 저희들까지 초대하여 점심까지 주시니 감사합니다."

"불편한 점이나 없으셨는지 궁금합니다."

"잘 먹고 구경 잘 하였습니다."

하고 월주스님께서 「한국불교 뉴스연감」 1권을 기증하였다.

나오면서 보니 『普雨大法』이라 쓴 중국불교의 회장 조박초거사가 쓴 글씨가 높이 걸려 있었다. 관장스님께서는 문 앞까지 나오셔서 전송해 주셨다. 월주스님께서 "한국을 방문해 주십사" 인사드렸다.

2. 도오토오전경(東塔全景)

한국에서 온 일행들은 모두 떠나고 법홍스님과 나와 최사장은 전교대사가 한산을 보호하기 위해 손수 조각했다는 삼면대흑천(三面大黑天)이 모셔져 있는 대흑당(大黑堂)을 참배하고 근본중당 앞에 2층으로 된 문수루(文殊樓)를 보았다. 문수루 앞에는 아주 높은 나무를 사각으로 깎아 세우고 그 위에 이런 글을 써 놓았다.

"奉修天台智者大師 一千四百年 大遠報忌恩法要 宇宙共生 世界平和 祈收"

우리는 다시 차를 타고 동탑으로 올라갔다. 원래 이곳은 걸어서 올라가게 되어 있는데 우리들이 시간이 없기 때문에 불가피 수위에게 부탁하여 차를 타고 오르게 되었다. 히에이산 연력사는 도오토오(東塔)과 사이토오(西塔) 요가와(橫川)의 삼탑이 중심이 되어 당우(堂宇)가 건립되었다 한다.

동탑은 연력사의 발생지로서 근본중당을 중심으로 대강당, 법화총지원, 가이단인(戒壇院), 회관, 서원 등이 둘러서 있는데 대강당에서는 5년 만에 한 번씩 법화경 대회를 하는 곳이라 하였다.

현재 건물은 제1차 소실 후 판본(版本)이 찬불당(讚佛堂)을 옮겨 짓고 태장계만다라의 대일여래(大日如來)를 모시고, 그 좌우에는 히에이산에서 수행하신 천태지자, 전교대사, 도운선사, 호넨(法然), 신란(親鸞), 에이사이(榮西), 도우겐(道元), 니지렌(日蓮)스님 등과 감두천황, 성덕태자 등 각종 파의 조사들을 목조로 조각하여 봉안해 놓았다.

이로써 보면 천태산은 일본불교의 발상지인 동시에 근본도량으로 모든 종파불교의 종합센터였다. 법홍스님이 이곳을 수행지로 생각한 것은 원효불교의 통불교사상과 일맥상통한 점이 있었기 때문이라 생각되었다.

동탑의 원 이름은 호스게소우지인(法華總持院)이었다. 전교대사가 건립계획을 세운 것을 지가쿠대사(慈覺大師)가 창건하였다 한다. 두

차례의 소실을 거쳐 지금의 건물은 소화 55년부터 62년까지 7년 동안 건립된 도오토오(東塔), 간죠토오(灌頂堂), 세기콘토오(寂光堂), 아미타토오(阿彌陀堂) 4당이 장엄하게 서 있었다.

아미타당 중앙에는 아미타불을 모시고 좌우로

"四十八願度衆生 九品含靈登彼岸"

이란 주련이 붙어 있었다. 위패를 보니 히에이산 개창 이래 전국의 신도 각가(各家)의 선조들을 모셨는데, 좌우에는 "納骨靈位와 百萬靈位"를 모시고 우측 일월패(日月牌) 가운데는 "永代過去帳"을 시설하고 호국영령(護國英靈)과 전범수형자(戰犯受刑者) 병몰자(病沒者) 충령(忠靈)과 판신대진재(阪神大震災) 때 희생된 영령과 삼계망령(三界亡靈)들까지도 모두 모시고 있었다.

안내인들은 화안애어(和顔愛語)라 써진 사무실에 광명변조 시방세계(光明邊照 十方世界) 염불중생 섭취불사(念佛衆生 攝取不捨)의 정신으로 전국에 버려진 유아(遺兒)들과 해외피재자(海外被災者)들, 그리고 난민구호(難民救護)를 위해 정재(淨財)를 모으고 있었다.

동탑은 2층으로 되어 있는데 2층에는 부처님 사리와 법화경 1천부를 모시고 반야경 50만권, 100만 편의 염불명호를 넣었으며, 하층에는 수미단을 배열하고 태장계 대일여래를 중심으로 5불을 모셔놓았다.

계단원(戒壇院)은 천태종 스님들이 계를 받는 곳으로 전교대사의 칙어(勅語)에 의하여 제일세좌주 의진(義眞)이 창립한 것이었다. 안에는 석가여래를 본존으로 하고, 좌우에는 스님모습의 문수보살과 미륵보살이 모셔져 있었다.

불당 뒤쪽 산 모롱에 무도우지(無動寺)가 있는데 가이호우교(回峰行)의 본거지로 부동명왕과 변재천녀(辯才天女)를 모신 곳이라 한다. 일반사람들은 들어가지 못한다 하여 들어가지 못했으나, 그로부터 약 1km 간격으로 벤덴도우(弁天堂), 묘오우도우(明王堂), 고마단(護摩壇), 다이주우인(大乘院) 등이 연이어 있다고 하였다.

법홍스님의 말씀을 빌리면 변천당은 무동사의 참배객들이 거주하는 곳으로 옛날에 흰 뱀이 나와 신령스러운 곳으로 여겨지고 있다고 한다. 그래서 매년 9월 뱀날(巳日)이면 이미 성금(成金)이 된 사람들이 인연 있는 날을 선택하여 그 곳에 모신 대세지보살을 참배하게 된다고 한다.

또 명왕당은 부동명왕을 본존으로 모신 계곡 가운데서는 가장 중앙에 해당되는 법당으로 매년 6월23일 천일회봉을 희망하는 사람들이 들어가 하루 종일 예배하는 곳이므로 만나지안(萬日庵)이란 별명이 생기기도 하였다 한다.

3. 지우도인(淨土院)

정토원은 전교대사의 묘(廟)가 있는 곳으로 히에이산 가운데서도 가장 신성한 곳으로 이

해되고 있었다.

동탑으로부터 약 1km 떨어진 곳에 있었다. 입구를 쇠로 막아 차가 들어갈 수 없었는데 법홍스님께서

"통화해 놓았으니 걱정 말고 쇠를 뽑고 들어가자."

하여 쇠를 뽑고 들어가니 들어가는 입구 양편에 붉은 겨우살이 나뭇잎이 불꽃처럼 타오르고 있었다. 표지판을 보고 법홍스님께서 설명하여 주었다.

"서탑의 중심당은 석가당(釋迦堂)으로 좌측으로 들어 다니고, 춘당(椿堂)은 성덕태자를 모신 곳이기 때문에 우측으로 들어다니며, 혜량당(惠亮堂)은 서탑을 창건한 혜량(惠亮)화상 자각대사 엔닌(円仁, 스님 등)을 모신 곳인데 이들은 다 현밀이교(現密二敎)에 통달한 분들이다.

또 루리도우(瑠璃堂)은 석가당 아래 고구세이로우지(黑靑龍寺) 가는 도중에 있는데 약사유리광여래를 모셨으므로 유리당이라 부른다 하였다.

유리당은 청룡사 아래 있는데 성관음(聖觀音)을 본존으로 모시고 간잔다이시(元三大師像)과 유마거사상(維摩居士像)을 모셨기 때문에 그 곳에 거사림회를 조직하여 거사들의 수행지로 사용하고 있었다. 계곡은 깊고 은은하여 별유천지(別有天地)를 연상케 하였다.

정토원에 들어가는 길은 일부만 포장되고 500m 정도는 포장되어 있지 않아 차가 들어가는데 조심스럽게 천천히 갔다. 원래 전교대사가 이곳에 있으면서 공부하였다고 하여 지금도 스님들이 12년을 1기로 지관행(止觀行)을 닦는 곳이었다. 승풍이 준험해 보통사람들은 들어가기도 어려운 곳이라 한다.

묘 앞에는 사라쌍수(沙羅雙樹)와 보리수(菩提樹)를 심어놓았다. 마당은 굵은 모래를 밭고랑처럼 해놓고 담벼락 주위에는 천연(天然)의 이끼들이 돌 사이에 끼어 천년의 고분처럼 적막하기 그지없었다.

좌측 요사에서는 지관행을 닦는 사람들이 살고, 중앙법당에는 아미타불을 모셨다 하나 들어가 보지 못했다. 금족(禁足)이라 써져 있었기 때문이다.

우리는 뒤뜰 전교대사 사리를 모신 곳에 가서 반야심경 일편을 독송하였다. 밖으로 나와 대문 옆에 써진 글을 보니 다음과 같이 쓰여져 있었다.

"종조 전교대사가 창건하였는데 아미타불을 안치하였으므로 정토원이라 부르게 되었다. 홍인(弘仁) 13년 6월4일 대사께서 입멸하다. 임금님께서 유해를 안치하도록 하여 이곳에 보내 안장하였다. 만지(萬治) 4년 덕천가광이 개조하다."

다시 차를 타고 2km쯤 돌아 석가당에 다다르니 천년고찰이 눈에 띄었다. 좌우에 섯는 나무는 모두가 세 아람 네 아람의 거수(巨樹)인데 혹 바람에 쪼개질 염려가 있어 철로 군데군데 묶어 놓았다.

원래 이 건물은 가마구라시대(鎌倉時代) 노부나가(信長) 히데요시(秀吉)의 엔세이지(圓成寺)를 미륵당으로 사용하던 것을 히에이산에

옮겨 히에이산 가운데 서는 가장 오래된 건물이라 한다. 미련할 정도로 지붕을 두텁고 높게 하여 곧 내려앉을 것 같은 기분이 들었으며, 거기 또 기둥까지 짧아 비정상적인 건물로 인식되었다. 정면 7칸의 기둥들이 모두 세 아람씩 되어 무시무시한 원시림이 두 다리를 쫙 벌리고 섯는 것 같았다.

법홍스님이 차에서 내리자 두 스님이 뛰어나오며 즐겨 맞아 주었다.

"언제 오셨습니까. 뵈온지 오래 되었습니다."

"한중일 불교대회 차 왔으며 이분들을 안내하기 위하여 모시고 왔습니다."

하니 즉시 안내를 하고 명함을 주었다. 법당에 들어가 본존께 예배코자 하니 한 스님이 옛날의 고전풍에 의하여 준비한 향 가루를 화로불에 넣어 은은한 향내가 천지를 진동하였다. 삼배 후 반야심경 일편을 독송하고 법당을 둘러보니 한쪽에는 석가모니부처님의 족자를 모시고, 그 앞에 여섯 개의 작은 책상이 놓여 있는데 바로 거기서 사경을 한다고 하였다.

사경은 주로 법화경(法華經)과 금강명경(金剛明經)을 하며, 그의 공덕을 다음과 같이 적어 놓았다.

"誦持及其書寫　一切時恒吉祥　福壽所求裕足罪障盡得消亡"

경을 쓰고 외우면 언제든지 항상 길하고 건강과 복이 만족하고 다생의 죄장이 소멸된다는 말이다.

뜰에는 팔상성도를 일본 사람들의 가정풍습에 의하여 그려 놓았다.

천일회봉자는 누구나 꼭 들르는 곳인데 백일 회봉이라 써진 회봉행을 마친 사람들의 명단이 주욱 걸려 있었다.

북령행자(北嶺行者) 태순(泰淳) 현상(玄尙) 명행(明行) 각준(覺俊) 안수(安秀) 문수(文秀) 문도(文道) 선고(善高) 각웅(覺雄) 법광(法光) 조풍(祖豊) 강순(康純) 조당(祖堂) 광등(光燈) 순혜(順惠) 수원(秀圓) 자조(慈照) 서도(瑞道) 칙청(則廳) 각성(覺城) 주서(周書) 성법(聖法) 등 수십명의 이름이 나열되어 있다.

나오는 길에 보니 길 우측으로 세 동의 건물이 크게 서 있는데 모두 그 곳은 거사들이 수행하는 곳으로 2층 강당은 수련 때 쓴다고 하였다.

4. 어머니의 젖줄 비와고(琵琶湖)

꼬불꼬불 산중턱을 돌아 30분쯤 오니 비파의 대호수가 한 눈에 들어온다. 너무 커서 바다가 아니냐고 물었더니 바다가 아니고 호수라고 대답하였다.

"이름을 비와고라 부르는데 우리말로는 비파호, 파라호라 부르기도 한다 하였다. 대부분이 안개가 끼어 내려다보기 어려운데 오늘은 청명하여 300리 비파호가 모두 한 눈에 들어오고 있다."

법홍스님께서 백일회봉을 하면서 미끄러지고 넘어지면서 오르고 내리던 길을 설명하는데 우리로서는 단 하루도 등산하기 힘든 코스였다.

"저리로 올라가서 이리로 내려 왔다가 다시 저 골짜기로 해서 저 등성이를 타고 넘어 대진으로 내려간다.

말씀하신 골짜기들을 이리저리 살펴보며 한참동안 앉았다 보니 스님이 차에서 내려 휴게소 안으로 들어가신다. 우리들은 너무도 전망이 좋아 정신을 잃고 앉았다가 나도 모르게 시 한수를 읊었다.

비와고 비와고 비와고여,
하늘과 땅이 온통 네 가운데 있구나.
교토 시민의 젖줄이요
오사카 인민의 물줄이며
신호사람들의 사랑이어라.
푸른이끼 질편한 곳에
갈대꽃까지 활짝 피었으니
새들도 큰 소리로
비와고 비와고 하며 날아가누나.

5. 보우린지(寶林寺)

보림사는 법홍큰스님께서 거처하시는 절이었다. 오오쓰(大津市) 사카모도역(坂本驛) 뒤쪽으로 약 1km 정도 떨어져 있었다.

800년 전에 창립한 것을 300년 전에 중수했다고 하는데 깨끗하다. 대문을 들어서니 감나무 귤나무 소나무 향나무 등이 여러 정원수들과 함께 꽉 차 있다. 뒤로 돌아가니 인조동산(人造東山)이 있고, 그 옆에는 손수 심어 가꾼 채소들이 싱싱하다. 법홍스님이 말씀하였다.

"한법사 오면 같이 먹으려고 지난달에 심어 놓은 것이야…"

"다음 원효전집 정리할 때 이곳에 와서 먹겠습니다."

"그리하면 얼마나 좋겠는가."

하룻만에 다녀가는 것을 매우 안타깝게 생각하시며 말씀하였다.

집은 모두 두 채인데 한 채는 상좌가 살고 한 채는 스님이 거처하고 있었다. 법당에는 전통적으로 내려오는 일본 불단이 있고, 한국산 불상 탱화도 따로 모셔져 있었다.

현관에는 응접실이 꾸며져 있는데 천일목(千日木)과 백일지(百日祗)가 벽에 붙어 있고 스님의 방에는 원효대사의 존상이 모셔져 있었다.

천일목이란 천일 동안 기도한 사람은 그 이름을 나무에 써서 모신 것이고, 백일지는 백일 동안 기도한 사람은 흰 종이에 써서 모시기 때문에 그렇게 부른다 하였다. 원효대사상 옆에 써 놓은 일기장 하나를 꺼내 보이면서

"이것이 백일회봉일기지. 읽어봐 재미있어…"

하고 주셨다. 너무도 기이하고 희귀한 것이라 복사하여 여기 싣는다.

브라질 시장에게서 받은 감사장과 히에이산 학원에서 받은 감사장, 그리고 천태종 대승정 山田惠諦께서 내려주신 감사장도 있었다.

히에이산 학원에 다니는 櫻井宣明 손자상좌와 青山秦奎군이 차를 달여 가져왔는데 두 사람 다 미목(眉目)이 수려하고 청정하게 생겼

다. 스님께서 옛날 백일회봉시 사용하던 반개연화(半開蓮華) 모자와 털매기 신이 여러 켤레 매달려 있고 늘 짚고 다니시던 법장도 있었다. 집이 기차 철로 변 바로 옆에 있어 다소 시끄럽기는 하였으나 교통이 편리하여 좋았다. 5시에 조우슈인(長壽院) 사가이(酒井) 아사리와 약속이 있었으므로 서둘러 나오느라 더 자세한 것을 살펴볼 수 없었다.

지금까지 한국 유학생들이 수없이 다녀갔지만 과연 저만한 절이라도 한 채 독립해 가지고 포교하는 사람 몇 사람이나 되겠는가. 그런데 역사가 있는 절도 한 채 가지고 있으면서 거기 또 상좌까지 두고 손자상좌까지 두 사람 두고 있으니 장래가 매우 촉망해 보였다.

6. 이이무로다니(飯室谷)와 조우슈인(長壽院)

① 원시림 속의 이이무로다니(飯室谷)

보림사에서 철길을 건너 차를 타고 좁은 길을 나와 오른쪽으로 꺾어 한참 동안 올라가니 천태종 종립 에이지(叡智)학교가 있었다. 이 학교가 바로 법홍스님과 주정(사가이)선생이 다닌 학교란다.

거기서 다시 히혜다이샤(日吉大社)를 지나 사이교지(西敎寺)가 있는 곳을 지나 다시 두세 개의 고개를 넘어 깊은 숲속을 향해 20분쯤 올라가니 막다른 골목이 나온다. 길은 매우 좁아 겨우 차 한 대가 다닐 정도였다. 그런데도 너무 많은 차들이 올라가고 내려오기 때문에 몇 번을 뒤로 빼다가 다시 올라가곤 하였다. 소나무와 이끼가 원시림을 이루고 있는 이 험한 골짜기는 법홍스님이 이천일 회봉을 하기 전까지만 하여도 포장이 되어 있지 않고 사람 하나 겨우 오르내릴 정도밖에 되지 않았다고 한다.

그런데 스님께서 이천일 회봉을 마치자 주위사람들이 진정서를 올려 포장을 하게 되었다 한다. 어쩌면 절 길이란 있는 그대로 두는 것도 좋으리라. 천천히 올라가다보면 맑은 물 우거진 숲속에서 저절로 인생의 화두가 터져 나오는 수가 있기 때문이다. 그래서 스님께서는 길 내는 것을 별로 좋게 생각하지 아니하였다 하는데, 스님께서 먼저 공부하시던 안락율원이란 율원이 이 길을 통해 올라가야 하므로 불가피 길을 내게 되었다 한다. 하여간 우리에게는 편리한 길이었다.

절 앞에 다다르니 이이무로다니 부도우도(飯室谷 不動堂)이란 현판이 붙어 있었다. 히에이산의 여러 골짜기 가운데서도 이 골짜기를 반실곡이라 부른다는 것이다. 히에이산 제3세 좌주 자각대사 엔닌(円仁)이 이곳에 와서 공부하면서 지은 절이라고 하니 천년이 훨씬 넘은 절이다. 골이 깊고 계절이 늦가을이 되어서인지 5시 밖에 되지 아니하였는데도 깜깜하였다. 가로등이 켜져 있는 것을 보고 법홍스님께서 말씀하셨다.

"이 영감이 손님이 오는 줄을 알고 있구만…"

원래 신도들이 전부담으로 이렇게 전기를 켜놓고 또 자가용까지도 사 놓았으나 평상시는 가로등까지도 켜지 않고 캄캄 절벽으로 지낼 때가 많다고 한다.

"공부하는 사람이 무슨 전기가 필요하느냐."

하면서 말이다.

과연 주차장에는 고급 세단차가 두 대가 놓여 있었다. 그러나 별로 사용한 흔적이 없어 거미줄이 쳐져 있을 정도였다.

제주도 사람들이 외출할 때는 대나무 하나를 걸쳐 놓듯 출입구에는 작은 마대 하나가 걸쳐져 있고 사람 기척이란 전혀 없었다.

문안으로 들어가니 큰 개가 한 마리 앉아서 우리를 쳐다보았으나 짖지 아니하였다.

연못에서는 팔뚝만큼 씩한 금붕어들이 떼를 지어 놀고 있었다. 물이 흐르는 곳에서는 톡톡 튀어나오는 물소리가 요란하였다. 폭포 주위에는 대나무가 우거져 있었고, 대나무 바로 옆에는 목욕하는 것을 가리워 놓았다. 눈이 오나 비가 오나 새벽 3시면 어김없이 그 곳에서 목욕하고 기도에 들어간다고 하였다.

큰 법당인 부도우도(不動堂) 쪽으로 나갔으나 문이 꼭꼭 잠겨 있었다. 법당 옆에는 흰 천이 둘러 쳐져 있는 작은 집들이 서너 채 있었으나 누구 한 사람 맞이하는 기척이 없었다.

나중에 안 일이지만 공부시간에는 누구도 면회를 하지 않기 때문이다. 사람이 있다 해도 문을 열어 주지 않는다 하였다. 시계를 보니 벌써 약속시간이 5분이 지나 문을 닫아버린 것이다.

법홍스님께서 겨우 통로를 찾아 노크하니 안에서 소리하였다.

"누구요."

"나 법홍입니다. 약속이 늦어 죄송합니다."

"약속한 시간에 오시지 않아 못 오시는 줄 알고 문을 잠갔습니다. 죄송합니다. 어서 오십시오."

하고 문을 여는데 그의 얼굴에서는 밝은 눈빛이 헤드라이트처럼 빛났고 화기애애한 모습은 자비하신 관세음보살이 서슴없이 중생들을 앉아주는 듯하였다.

큰 대문을 지나 작은 대문을 들어서니 현관에 천태본산의 본당 모형도가 장엄하게 조각되어 유리관 속에 세워져 있고, 그 좌우에는 연꽃무늬로 장식된 커다란 항아리 두 개가 좌우로 서 있었다.

빈 병(甁)은 중국사람들이 pang(平)으로 읽고 곧 평화(平和)를 상징한다는 말을 들었기에

"아 생각을 비우고 평화로운 마음으로 어서 오시라 반겨주는 영물(迎物)이로구나."

생각하고 들어갔다. 방은 겨우 10평 남짓한데 여기저기 들어온 선물로 꽉 차 있고 사람이 앉을 수 있는 자리는 두세 평에 불과하였다.

② 반실곡의 주인공 사가이유사이[酒井雄哉, 俗名 사가아다다오(酒井忠雄)]

"어서 오십시오. 법홍대화상님."

둘이 서로 껴앉고 말이 없이 쳐다보는 것이 마치 천진난만한 아이들 같았다. 서로 얼굴을 부비고 포옹하고 나서 말했다.

"오랜만입니다. 언제 오셨습니까?"

조용조용히 물었다.

"한 · 중 · 일 불교대회 때문에 왔습니다."

"늦었지만 종정취임을 진심으로 축하드립니다."

"다 불보살의 가호력이라 생각합니다. 그전에 소개하실 분이 있습니다. 한국불교정신문화원장 한정섭법사입니다. 그리고 불교춘추사를 운영하는 최석환 사장입니다."

"만나 뵙게 되어서 반갑습니다."

하고 손을 잡는데 혈기가 방장하였다.

"앉으십시오. 사는 것이 이렇습니다."

"감사합니다. 저는 작년에 선생님의 저서를 읽고 감동한 바 있습니다. 백일도 어려운데 2천일 산행을 하셨다니 초인적인 성자로 느껴졌습니다."

"다 누구나 마음먹고 하면 할 수 있습니다. 별것도 아닌 일이 한국에까지 알려졌군요."

법홍스님이 말했다.

"별것이 아니라니요. 백일도 겁을 내는데."

"그런 말씀 마세요. 어쩌다 보니 그렇게 하게 된 것이지요."

하며 파안대소(破顔大笑)한다. 천진난만한 웃음….

그 웃음 속에는 부끄러움과 인욕 관심(寬心)의 정진력이 숨어있는 듯하였다.

내가 물었다.

"어떻게 불도에 입문하게 되셨길래 그렇게 짧은 시간에 장인(匠人)이 되셨습니까?"

"다 나의 고민 때문에 오기로 한 것이지요. 사랑하던 아내가 죽고 고민을 많이 했습니다. 재탕인생을 살 것이냐 아니면 저 세상으로 갈 것이냐. 그런데 죽음이라는 것도 그렇게 쉽게 마음대로 할 수 있는 것이 아니었습니다. 그러던 어느 날 어르신의 안내로 히에이산에 왔다가 발심했지요. 혼자 사는 스님들도 계시는데 무슨 미련이 그렇게 많은가. 내 도닦는 스님들 뒷바라지나 해주고 살리라."

하루아침에 정리하고 절에 와서 화장실 청소를 일년, 밭 매고 채소 가꾸기를 일년, 마당 쓸고 밥짓고 차 다리기를 일년 하니 스님께서 불러 물었습니다.

"중노릇하고 싶으냐?"

"누가 저 같은걸 중 시켜 주겠습니까?"

"나는 너 같은 사람의 스승이 되기도 부끄러운 점이 많다. 그러니 네 스승을 천거해 주리라."

하고 스승을 정해 주어 출가하게 되었습니다.

"고생이 많으셨습니다."

"고생이라 할게 뭐 있습니까. 시중에서 고생하고 사는 사람에 비하면 아무것도 아니지요."

스님의 얼굴에는 자신이 꽉 차 있었다.

"내전(內典) 공부는 어디서 하셨습니까?"

"히에이산 학교에서 과정을 밟았는데 여기 앉아 계신 법홍스님은 저에 비하면 대 선배이십니다. 우리 일본사람들에게는 보통이지만 외국인으로서는 드문 일입니다."

"그러니까 법홍종정스님께서 선배가 되시는군요?"

"예. 예지학교만 선배가 되는 것이 아니라 백일회봉도 나 보다는 훨씬 먼저 하셨습니다. 그래서 저는 지극히 존경합니다. 그 이야기를 하다보니 차 대접하는 것까지도 잊어버렸습니다."

하고 깔깔 웃으면서 금방 목기에 차를 따라

놓았다.

"드십시오."

"춘추가 어떻게 되시는데 법홍스님과 그렇게 가까이 지내십니까?"

"법홍스님은 나 보다 11살이나 손위이지만 학교를 늦게 들어가셨기 때문에 동배가 됩니다. 스님께서 70일 기도를 마치고 산행에 들어가려 할 때 일화가 많습니다."

"무슨 일화가 그렇게 많습니까?"

"천태산에서는 50이 넘은 사람은 절대로 산행을 시키지 않습니다. 위험하니까요. 나는 극기훈련으로부터 시작하였는데 법홍선배님께서는 큰 원력에 의하여 시작하였습니다. 특히 법홍종정스님의 산행을 반대하신 분은 당시 천태종 연력사 부주지 에마니쇼견스님인데 바로 그 분의 절에 가서 3일 동안을 입지부동(立志不動) 하였으니까요. 그리하셨지요 법홍스님?"

하고 되려 물었다.

법홍스님께서 말씀하였다.

"그랬습니다. 처음 원서를 제출하였는데 받아주지 않으므로 부관장님 절 일주문 앞에 가서 종일토록 먹지도 않고 앉지도 않고 서 있었지요."

"그랬더니"

주정스님은 호기심에 가득 찬 얼굴로 물었다.

"그랬더니 저녁 때 한 행자가 와서 나의 동정을 살펴보고 가더니 좌복 하나를 갖다 주었습니다."

"그래서요?"

"나는 좌복을 깔고 그대로 앉아 맹서삼매(盟誓三昧)에 들었습니다. 약왕보살은 몸을 태워 공양도 하는데 나야 이렇게 공부하다 가면 그만이지 생각하고 있었지요."

"그래 나도 그 말을 들었어요. 차를 갖다 주어도 마시지 않고 꿋꿋하게 앉아 있어 저렇게 하다 죽으면 어떡하나 걱정하기도 했다는 말씀을 말입니다."

주정스님은 법홍스님을 바라보면서 희귀한 일이라 생각하면서 다시 물었다.

"그래 어떻게 되었어요?"

"만 3일이 되니 행자가 와서 말했습니다. 기숙사에 18물을 갖다놓았으니 갖추어 입고 오라 한다고 말입니다."

그래서 가서 보니 장삼·짚신·행건·속옷·가사·염주·책·삿갓·배낭·향 식기·주장자·수건·칼 등 열여덟 가지가 놓여 있었습니다. 18물을 낱낱이 챙겨 입고 가니 물었습니다.

"무엇 때문에 산행을 고집하는가?'

"위로 삼보(寶) 4중(重)의 은혜를 갚고 밑으로 3도(途)의 고통을 구하고자 합니다."

"그렇다면 보증인을 두 사람 세울 수 있겠는가?"

"세울 수 있습니다만 스님께서 보증인이 되어 주십시오. 나머지 한 분도 스님께서 알아서 안내해 주십시오."

스님께서 한 참 있다가 전화번호를 돌렸습니다.

"여보세요. 나가야마(中山玄雄)선생님 계십니까?"

"저입니다. 누구십니까?"

"예. 나 연력사 부주지입니다. 긴히 의논할

일이 있어 전화 드렸는데 들어주시겠습니까?"

"무엇이고 들을 수 있는 일이면 듣지요. 무엇입니까?"

"법홍상좌를 아시지요."

"제 제자인데 알다마다 뿐이겠습니까?"

"이 사람이 백일회봉을 하겠다 하는데 50이 넘은 사람으로서는 우리 천태종 1200년 역사 가운데는 처음 있는 일이라 보증설 사람이 없을 것 같습니다. 자구(資具)에 관한 것은 내가 책임을 질 터이니 신변 보증만 서 주십시오."

"그렇게 하겠습니다."

이렇게 하여 백일회봉을 하게 되었지요.

두 분은 껄껄 웃으며 참으로 신기하다는 듯 박장대소하였다.

내가 물었다.

"스님께서는 무슨 일화가 있으십니까?"

"없습니다. 나는 이렇게 선배님들께서 모범을 보였기 때문에 그대로 따라서 했을 뿐이지요."

"대개 코스는 어느 곳을 중심으로 돌았습니까?"

"그것도 법홍종정스님께서 돈대로 거의 같이 돌았습니다. 동탑에서부터 시작하여 서탑을 거쳐 옥체빈(玉體彬) 간잔다이시하가(元三大師墓) 에신도오(惠心堂) 삼석악(三石岳) 팔왕자산의 선궁선원(禪宮仙院) 다이가지지(大吉寺) 레이잔인(靈山院) 옥조원(玉照院) 명왕당(明王堂) 길을 걷기도 하고 어떤 때는 횡천에서 조우슈인 부도도(長壽院 不動堂) 사이교지(西敎寺)를 거쳐 레이잔(靈山)으로 가기도 하고 이 두 코스를 겸하여 걷기도 하였습니다."

이 말씀을 듣고 보니 법홍스님께서 왜 동탑으로부터 서탑 그리고 횡천에 이르기까지 그 많은 코스를 우리에게 보여주었는가를 짐작하게 되었다.

"회봉행에서 얻은 것은 무엇이고 잃은 것은 무엇입니까?"

"얻은 것은 일체안(一切眼)과 인욕정진의 마음이고, 잃은 것은 번뇌 망상입니다. 불도수행의 궁극적 목적은 인생고를 해결하는데 있습니다. 수행자가 자기를 버리지 않고는 남을 구제할 수 없기 때문에 이러한 고행을 하는 것이므로 결국에는 발고여락(拔苦與樂)의 자비심을 배운 것이지요. 사실 내가 이 고행을 하기 전에는 내가 좋아하는 것밖에 보이지 것이 없었습니다. 그런데 정진 후에는 일체의 모든 것이 있는 그대로 보였으며, 이것이 일체안 아닙니까?" "그러면 걸으면서 주로 무슨 생각을 하고 걸었습니까?"

"처음 마음 먹었을 때의 그 생각과 불보살님들의 가호력(加護力), 그리고 대우주의 자연한 힘을 생각하면서 걸었습니다."

"혹 중간에 그만 두실 생각은 하시지 않았습니까?"

"사내대장부가 죽기를 각오하고 나섰는데 어찌 이러한 생각을 이겨내지 못하겠습니까? 게으른 생각도 나고 죽고 싶은 생각도 없지 않았지만 수많은 선지식들이 다 그 같은 마음을 이기고 견성성불하여 한량없는 중생들을 구제하였는데 나라고 못할 것이 뭐 있느냐 하는 그런 마음을 가지고 굳게 정진하니 먹구름이 모두 흩어졌습니다. 법홍스님 같은 노장도 하시는데 말입니다."

"혹 외국인으로서 이 일에 동참한 사람이 또 있습니까?"

"우리 천태종 1200년 역사 가운데서는 법홍스님이 제1호이고 그 다음은 법홍스님 상좌 시게마스이며, 그 다음은 인도 유학생이 한 사람 있을 뿐입니다."

"요즈음은 무슨 수행을 하고 계십니까?"

"아침 3시에 일어나 냉수욕을 하고 시간 따라 기도합니다."

"기도는 주로 무슨 기도를 하십니까?"

"송주(誦呪)와 호마(護摩)를 통하여 국태민안과 세계평화를 기원합니다."

이때 밖에서 개가 심하게 짖었다.

"아마 손님이 오신 것 같습니다."

"조금 전 저희들이 올 때는 개가 짖지 아니했는데요."

"몇 시에 무슨 손님이 오시니 짖지 마라 하면 짖지 않습니다. 오늘 5시에 한국에서 손님이 오기로 약속했으니 짖지 말라 일렀지요. 아하하하…."

개도 불성(佛性)이 있다는 말이 있는데 틀림없는 말이다. 약속이 없는 낯선 사람이 오면 저렇듯 개가 짖는 가 보다.

"오랜 시간 재미있는 말씀 잘 들었습니다."

"잠깐 기다리시지요. 책 몇 권 드리겠습니다."

하고 밖에 나가더니 비디오테이프 8개와 '미지(道)' '고고로노료로(心の旅路)' 등 7,8권의 책을 주어 감사히 받아왔다.

얼음 속에서 목욕하는 사카이스님

법홍대종사 백일 회봉기

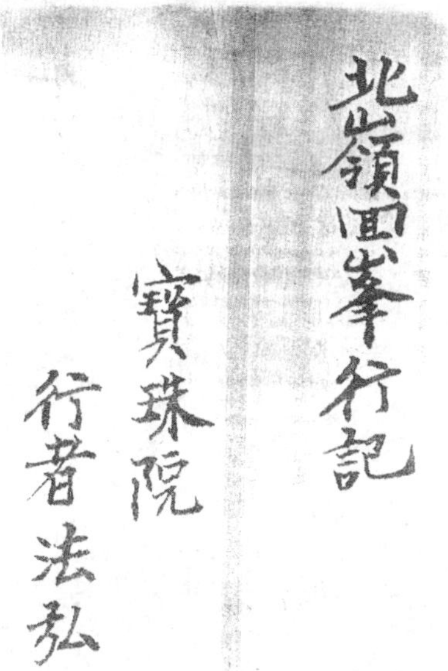

北嶺四峯行記

寶珠院

行者法弘

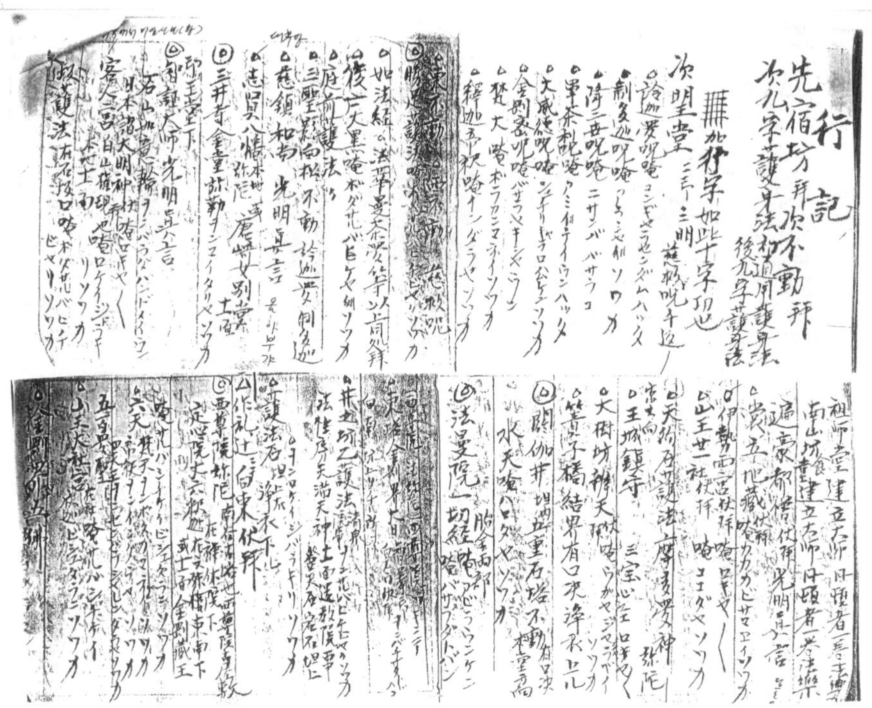

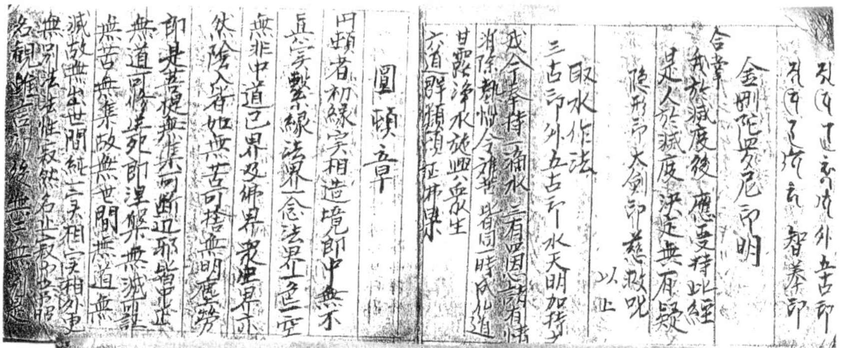

金剛陀羅尼印明
合掌
我於滅度後 應受持此經
是人於滅度 決定無有疑
隱形印 大劍印 慈救呪
以上
取水作法
三古印 外五古印 水天明加持
我今手持一滴水 [illegible]
消除熱惱令離苦 [illegible]
甘露淨水施四生衆生
六道群類 [illegible]

圓頓章
円頓者初緣実相 造境即中 無不真実 繫緣法界 一念法界 一色一香
無非中道 己界及佛界 衆生界亦然 陰入皆如 無苦可捨 無明塵勞
即是菩提 無集可斷 邊邪皆中正 無道可修 生死即涅槃 無滅可証
無苦無集 故無世間 無道無滅 故無出世間 純一実相 実相外更
無別法 法性寂然名止 寂而常照名観 雖言初後 無二無別 是
名円頓止観

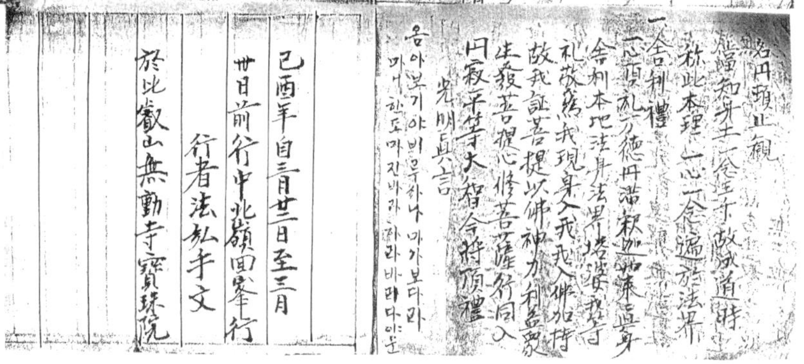

當知身土一念三千 故成道時
稱此本理 一心一念遍於法界
一舍利禮
一心頂礼 万徳円満 釈迦如来 真身
舍利 本地法身 法界塔婆 我等
礼敬 為我現身 入我我入 佛加持
故我証菩提 以佛神力 利益衆
生 發菩提心 修菩薩行 同入
円寂平等大智 今將頂禮
光明真言
옴 아모기 아비로차나 마가보다라
마니 파도마 진바라 바라바라다야 훔

己酉年自三月廿三日至三月
卅日前行中北嶺回峯行
行者法弘手文
於比叡山無動寺寳珠院

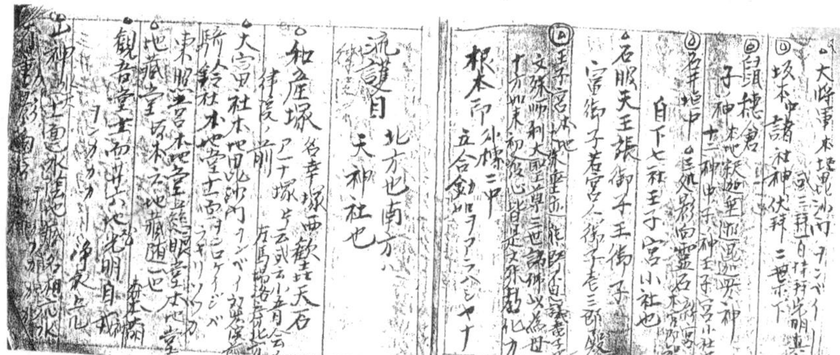

大峰事 本地毘沙門 [illegible]
坂本中諸社神伏拜 [illegible] 光明真言
鼠禿倉 子神 [illegible]
[illegible]
自下七社王子宮小社也
石服天王 [illegible]
宮御子 若宮 [illegible]
王子宮 本地文殊
文殊師利大聖尊 三世諸佛以為母
十方如來初發心 皆是文殊教化力
根本印 外縛二中 五合釼 [illegible]

流護目 北方也 南方ハ 天神社也
和産塚 名幸塚 [illegible] 天石
律院ノ前 アナ塚 [illegible]
大宮社 本地毘沙門 [illegible]
騎鈴社 本地 [illegible]
東照宮 本地 [illegible]
地蔵堂 [illegible]
観音堂 [illegible]
山神 [illegible]

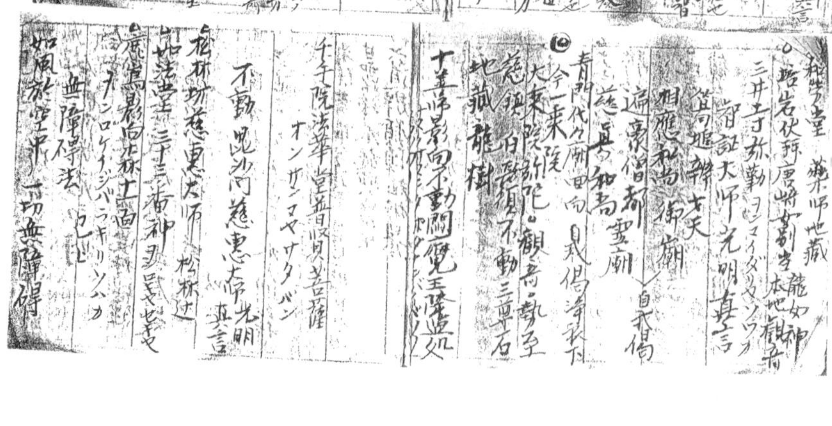

薬師堂 薬師 地蔵
[illegible] 唐崎 女別当 龍如神 本地観音
三井寺 弥勒 [illegible]
智証大師 光明真言
[illegible] 辯才天
相應和尚 御廟 自我偈
遍照僧都 霊廟
慈忍和尚
青龍寺 [illegible]
今一乗院
大乗院 弥陀 観音 勢至
慈鎮 [illegible] 不動 三尊石
地蔵 龍樹
十善 [illegible] 影向 不動 [illegible]

千手院 法華堂 普賢菩薩 オンサンマヤサタバン
不動 毘沙門 慈恵大師 光明真言
桜林坊 慈恵大師 松林辻
如法堂 三十三番神
[illegible] オンロケイジンバラキリソハカ
無障碍法
如風於空中 一切無障碍

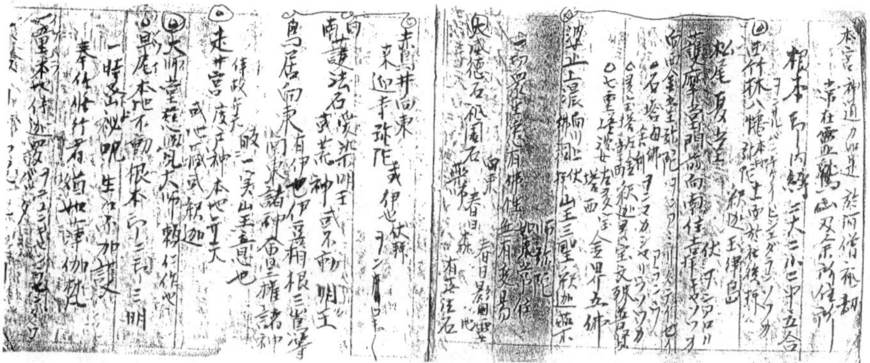

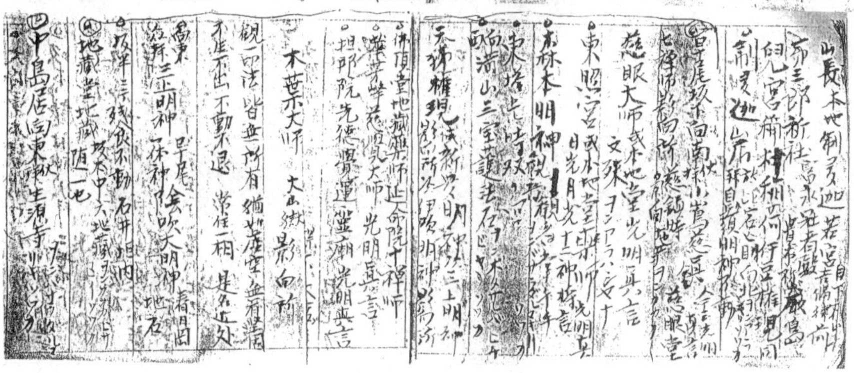

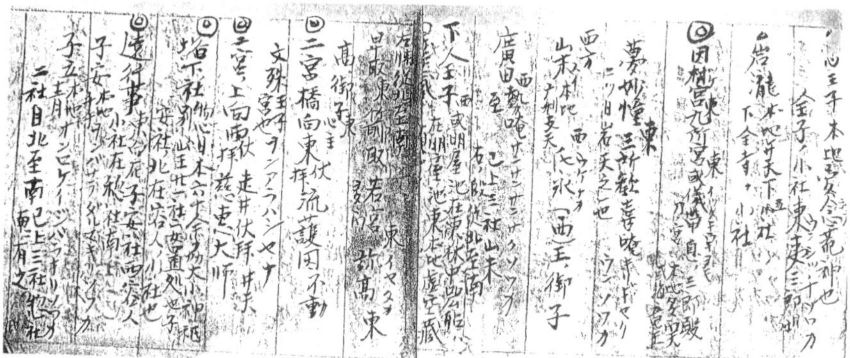

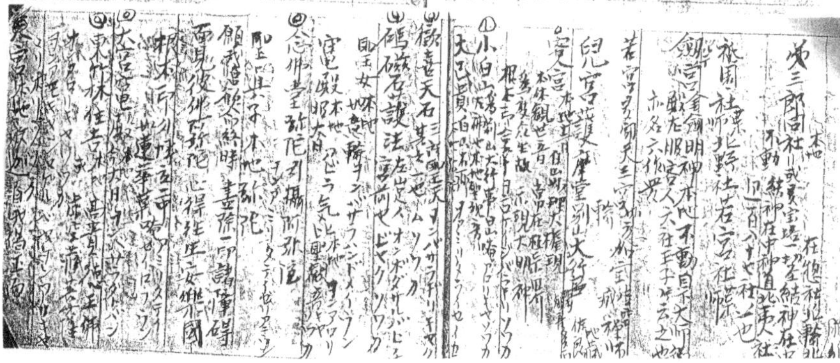

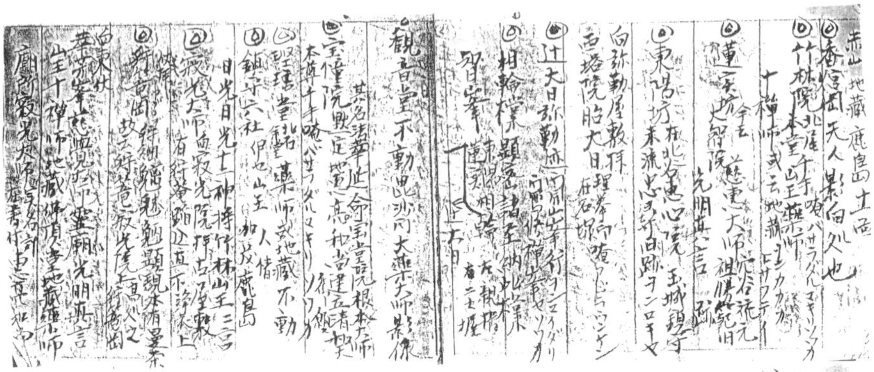

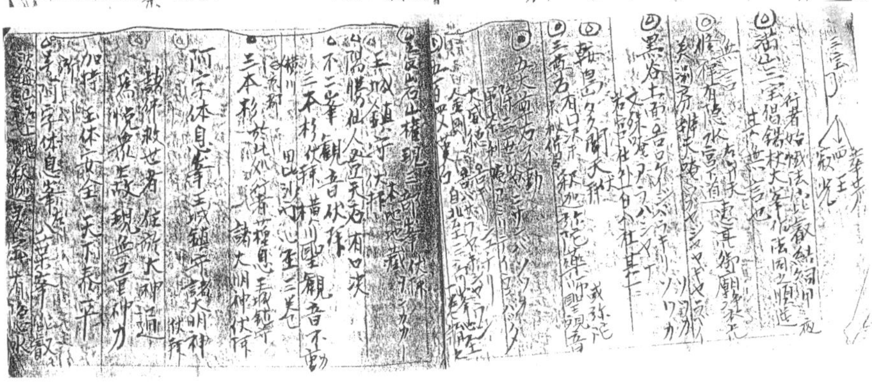

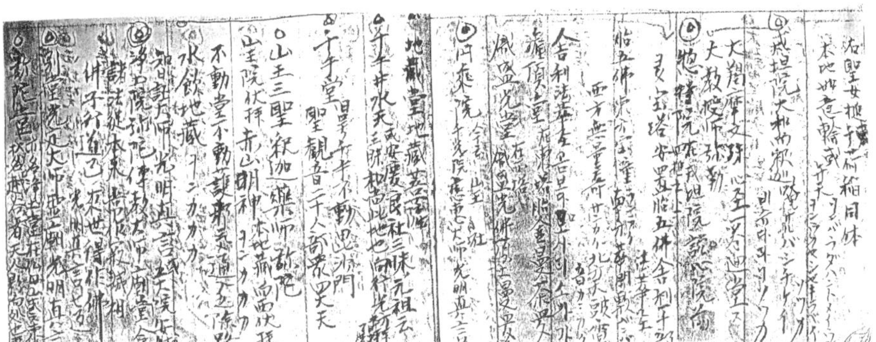

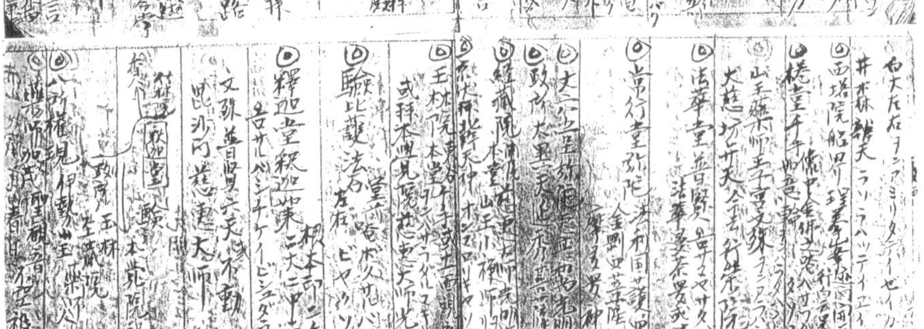

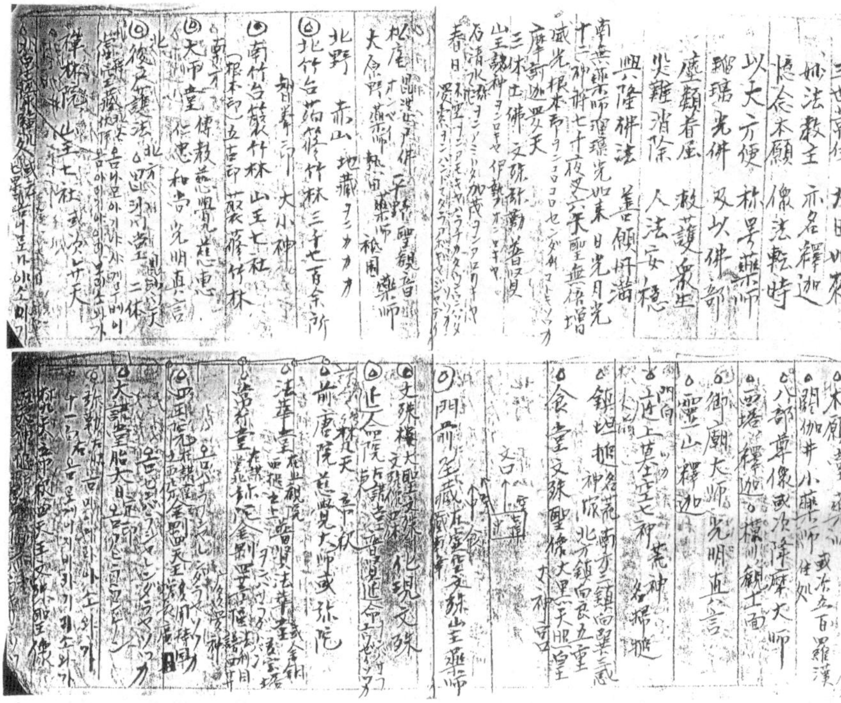

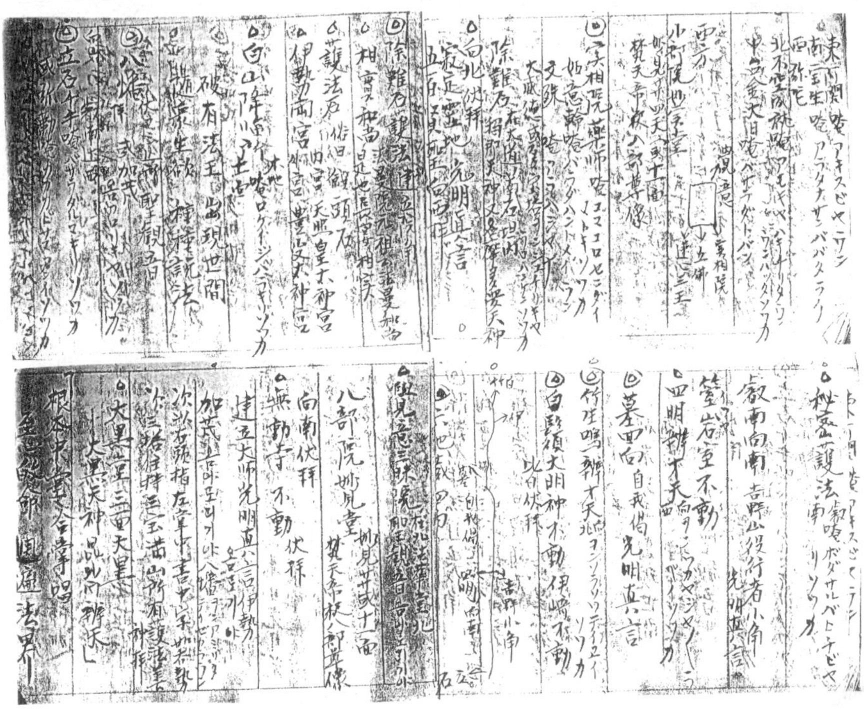

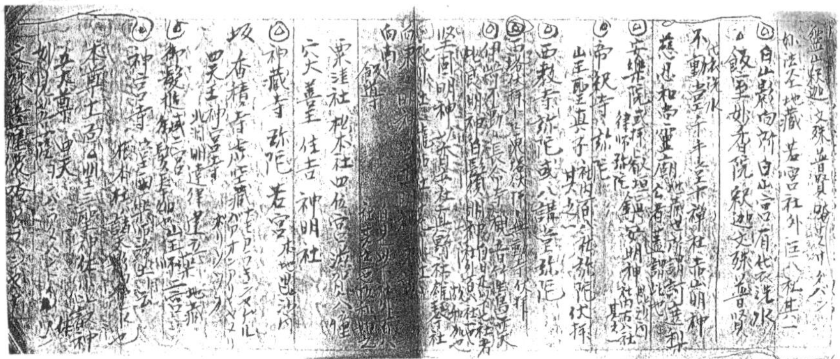

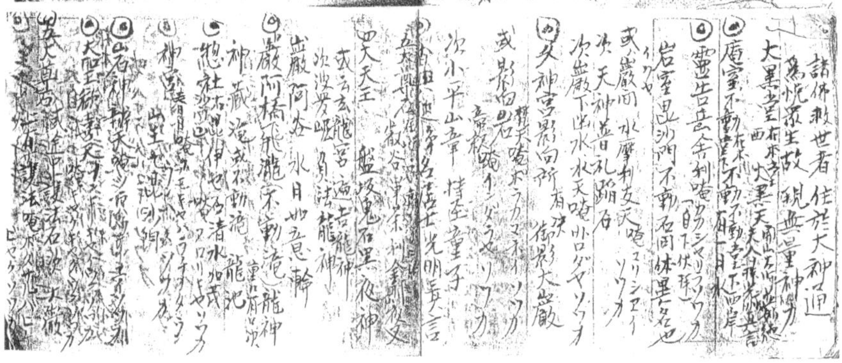

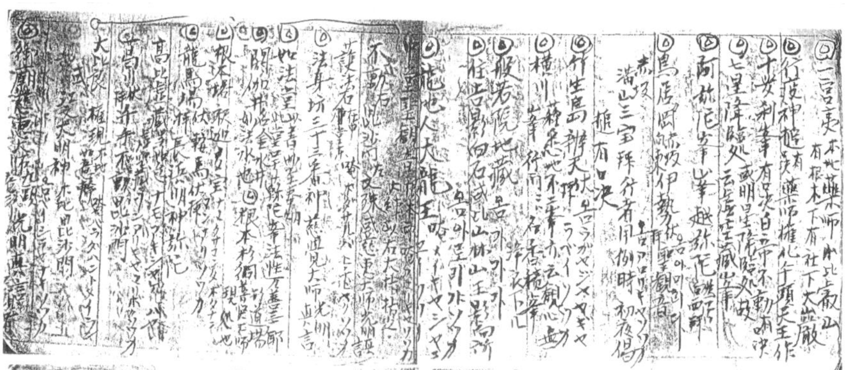

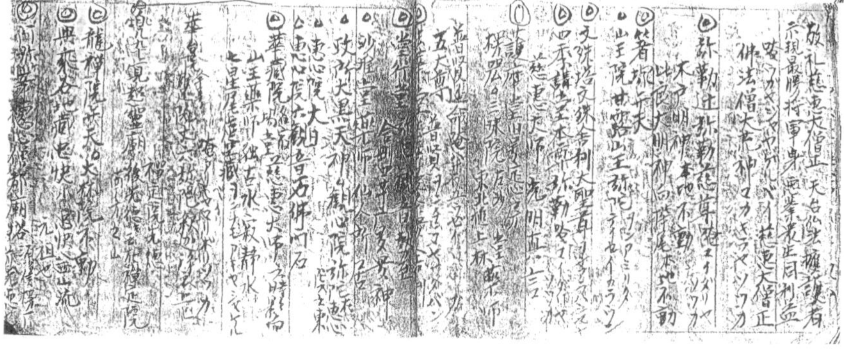

천태좌주가 된 법홍큰스님

일본불교사대영장일람표(日本佛教四大靈場一覽表)

西国三十三所

順位	寺名(通称)	所在地	山号	宗派	本尊
1	青岸渡寺	和歌山県那智勝浦町	那智山	天台宗	如意輪観音
2	護国院金剛宝寺(紀三井寺)	和歌山市	紀三井山	救世観音宗	十一面観音
3	粉河寺	和歌山県粉河町	風猛山	粉河観音宗	千手千眼観音
4	施福寺(槇尾寺)	大阪府和泉市	槇尾山	天台宗	千手千眼観音
5	三宝院剛琳寺(葛〈藤〉井寺)	大阪府藤井寺市	紫雲山	真言宗	十一面千手千眼観音
6	南法華寺(壺坂寺)	奈良県高取町	壺坂山	真言宗	千手千眼観音
7	竜蓋寺(岡寺)	奈良県明日香村	東光山	真言宗	二臂如意輪観音
8	長谷寺(初〈泊〉瀬寺)	奈良県桜井市	豊山	真言宗	十一面観音
9	興福寺南円堂	奈良市		法相宗	不空羂索観音
10	三室戸寺	京都府宇治市	明星山	本山修験宗	千手観音
11	醍醐寺(上醍醐)	京都市	深雪山	真言宗	准胝観音
12	正法寺(岩間寺)	滋賀県大津市	岩間山	真言宗	千手観音
13	石山寺	滋賀県大津市	石光山	真言宗	二臂如意輪観音
14	園城寺(三井寺)	滋賀県大津市	長等山	天台宗	如意輪観音
15	観音寺(今熊野)	京都市	新那智山	真言宗	十一面観音
16	清水寺	京都市	音羽山	北法相宗	十一面千手千眼観音
17	六波羅蜜寺	京都市	補陀洛山	真言宗	十一面観音
18	頂法寺(六角堂)	京都市	紫雲山	天台宗	如意輪観音
19	行願寺(革堂)	京都市	霊麀山	天台宗	千手観音
20	善峰寺	京都市	西山	天台宗	千手千眼観音
21	穴太寺	京都府亀岡市	菩提山	天台宗	聖観音薬師如来
22	総持寺	大阪府茨木市	補陀落山	真言宗	千手観音
23	勝尾寺	大阪府箕面市	応頂山	真言宗	十一面千手観音
24	中山寺	兵庫県宝塚市	紫雲山	真言宗	十一面観音
25	清水寺	兵庫県社町	御岳山	天台宗	十一面千手観音
26	一乗寺	兵庫県加西市	法華山	天台宗	聖観音
27	円教寺	兵庫県姫路市	書写山	天台宗	如意輪観音
28	成相寺	京都府宮津市	成相山	真言宗	聖観音
29	松尾寺	京都府舞鶴市	青葉山	真言宗	馬頭観音
30	宝厳寺(竹生島)	滋賀県びわ町	巌金山	真言宗	千手千眼観音
31	長命寺	滋賀県近江八幡市	姨綺耶山	天台宗	千手十一面聖観音三尊一体
32	観音正寺	滋賀県安土町	繖山	天台宗	千手千眼観音
33	華厳寺	岐阜県谷汲村	谷汲山	天台宗	十一面観音

四国八十八所

順位	寺名(通称)	所在地	山号	宗派	本尊
1	霊山寺(一乗院・一番さん)	徳島県鳴門市	竺和山	真言宗	釈迦如来
2	極楽寺(無量寿院・安産寺)	徳島県鳴門市	日照山	真言宗	阿弥陀如来
3	金泉寺(釈迦院)	徳島県板野町	亀光山	真言宗	釈迦如来
4	大日寺(遍照院・黒谷寺)	徳島県板野町	黒巌山	真言宗	大日如来
5	地蔵寺(荘厳院・羅漢さん)	徳島県板野町	無尽山	真言宗	勝軍地蔵菩薩
6	安楽寺(瑠璃光院)	徳島県上板町	温泉山	真言宗	薬師如来
7	十楽寺(蓮花院)	徳島県土成町	光明山	真言宗	阿弥陀如来
8	熊谷寺(真光院)	徳島県土成町	普明山	真言宗	千手観音
9	法輪寺(菩提院)	徳島県土成町	正覚山	真言宗	釈迦如来
10	切幡寺(灌頂院)	徳島県市場町	得度山	真言宗	千手観音

順位	寺名(通称)	所在地	山号	宗派	本尊
11	藤井寺(お薬師さん)	徳島県鴨島町	金剛山	臨済宗	薬師如来
12	焼山寺(正寿院)	徳島県神山町	摩盧山	真言宗	虚空蔵菩薩
13	大日寺(花蔵院・一の宮)	徳島市	大栗山	真言宗	十一面観音
14	常楽寺(延命院)	徳島市	盛寿山	真言宗	弥勒菩薩
15	国分寺(金色院)	徳島市	法養山	曹洞宗	薬師如来
16	観音寺(千手院)	徳島市	光耀山	真言宗	千手観音
17	井戸寺(真福院)	徳島市	瑠璃山	真言宗	薬師如来
18	恩山寺(宝樹院)	徳島県小松島市	母養山	真言宗	薬師如来
19	立江寺(地蔵院・地蔵寺)	徳島県小松島市	橋池山	真言宗	延命地蔵菩薩
20	鶴林寺(宝珠院・お鶴さん)	徳島県勝浦町	霊鷲山	真言宗	地蔵菩薩
21	太竜寺(常住院・西高野山)	徳島県阿南市	舎心山	真言宗	虚空蔵菩薩
22	平等寺(医王院)	徳島県阿南市	白水山	真言宗	薬師如来
23	薬王寺(無量寿院)	徳島県日和佐町	医王山	真言宗	薬師如来
24	最御崎寺(明星院・東寺)	高知県室戸市	室戸山	真言宗	虚空蔵菩薩
25	津照寺(真言院・津寺)	高知県室戸市	宝珠山	真言宗	延命地蔵菩薩
26	金剛頂寺(光明院・西寺)	高知県室戸市	竜頭山	真言宗	薬師如来
27	神峯寺(地蔵院)	高知県安田町	竹林山	真言宗	十一面観音
28	大日寺(高照院)	高知県野市町	法界山	真言宗	大日如来
29	国分寺(宝蔵院)	高知県南国市	摩尼山	真言宗	千手観音
30	善楽寺(一の宮)	高知市	百々山	真言宗	阿弥陀如来
31	竹林寺(金色院・金色教院)	高知市	五台山	真言宗	文珠菩薩
32	禅師峯寺(求聞持院・峯寺)	高知県南国市	八葉山	真言宗	十一面観音
33	雪蹊寺(高福寺)	高知市	高福山	臨済宗	薬師如来
34	種間寺(朱雀院)	高知県春野町	本尾山	真言宗	薬師如来
35	清滝寺(境地院)	高知県土佐市	医王山	真言宗	薬師如来
36	青竜寺(伊舎那院)	高知県土佐市	独鈷山	真言宗	不動明王
37	岩本寺(五智院)	高知県窪川町	藤井山	真言宗	阿弥陀如来・薬師如来・聖観音・地蔵菩薩・不動明王
38	金剛福寺(補陀落院・足摺山)	高知県土佐清水市	蹉跎山	真言宗	三面千手観音
39	延光寺(寺山院)	高知県宿毛市	赤亀山	真言宗	薬師如来
40	観自在寺(薬師院)	愛媛県御荘町	平城山	真言宗	薬師如来
41	竜光寺(護国院・三間の稲荷)	愛媛県三間町	稲荷山	真言宗	十一面観音
42	仏木寺(毘盧舎那院・お大日)	愛媛県三間町	一𤋮山	真言宗	大日如来
43	明石寺(円手院・あげしさん)	愛媛県宇和町	源光山	天台宗	千手観音
44	大宝寺(大覚院)	愛媛県久万町	菅生山	真言宗	十一面観音
45	岩屋寺	愛媛県美川村	海岸山	真言宗	不動明王
46	浄瑠璃寺(養珠院)	愛媛県松山市	医王山	真言宗	薬師如来
47	八坂寺(妙見院)	愛媛県松山市	熊野山	真言宗	阿弥陀如来
48	西林寺(安養院)	愛媛県松山市	清滝山	真言宗	十一面観音
49	浄土寺(三蔵院)	愛媛県松山市	西林山	真言宗	釈迦如来
50	繁多寺(瑠璃光院・畑寺)	愛媛県松山市	東山	真言宗	薬師如来
51	石手寺(虚空蔵院)	愛媛県松山市	熊野山	真言宗	薬師如来
52	太山寺(護持院)	愛媛県松山市	滝雲山	真言宗	十一面観音
53	円明寺(正智院)	愛媛県松山市	須賀山	真言宗	阿弥陀如来
54	延命寺(宝鐘院)	愛媛県今治市	近見山	真言宗	不動明王
55	南光坊〈光明寺〉(金剛院・三島宮)	愛媛県今治市	別宮山	真言宗	大通智勝仏
56	泰山寺(勅王院)	愛媛県今治市	金輪山	真言宗	地蔵菩薩
57	栄福寺(無量院・八幡宮)	愛媛県玉川町	府頭山	真言宗	阿弥陀如来
58	仙遊寺(千光院)	愛媛県玉川町	作礼山	真言宗	千手観音
59	国分寺(最勝院)	愛媛県今治市	金光山	真言律宗	薬師如来
60	横峰寺(福智院)	愛媛県小松町	石鎚山	真言宗	大日如来

順位	寺名(通称)	所在地	山号	宗派	本尊
61	香園寺(教王院・子安大師)	愛媛県小松町	梅檀山	真言宗	大日如来
62	宝寿寺(観音院・一の宮)	愛媛県小松町	天養山	真言宗	十一面観音
63	吉祥寺(胎蔵院)	愛媛県西条市	密教山	真言宗	毘沙門天
64	前神寺(金色院)	愛媛県西条市	石鉄山	真言宗	阿弥陀如来
65	三角寺(慈尊院)	愛媛県川之江市	由霊山	真言宗	十一面観音
66	雲辺寺(千手院)	徳島県池田町	巨鼇山	真言宗	千手観音
67	大興寺(不動光院・松尾寺)	香川県山本町	小松尾山	真言宗	薬師如来
68	神恵院(八幡宮)	香川県観音寺市	琴弾山	真言宗	阿弥陀如来
69	観音寺	香川県観音寺市	七宝山	真言宗	聖観音
70	本山寺(持宝院)	香川県豊中町	七宝山	真言宗	馬頭観音
71	弥谷寺(千手院)	香川県三野町	剣五山	真言宗	千手観音
72	曼荼羅寺(延命院)	香川県善通寺市	我拝師山	真言宗	大日如来
73	出釈迦寺(求聞持院)	香川県善通寺市	我拝師山	真言宗	釈迦如来
74	甲山寺(多宝院)	香川県善通寺市	医王山	真言宗	薬師如来
75	善通寺(誕生院)	香川県善通寺市	五岳山	真言宗	薬師如来
76	金倉寺(宝幢院)	香川県善通寺市	鶏足山	天台宗	薬師如来
77	道隆寺(明王院)	香川県多度津町	桑多山	真言宗	薬師如来
78	郷照寺(広徳院)	香川県宇多津町	仏光山	時宗	阿弥陀如来
79	高照院	香川県坂出市	金華山	真言宗	十一面観音
80	国分寺(千手院)	香川県国分寺町	白牛山	真言宗	千手観音
81	白峯寺(洞林院)	香川県坂出市	綾松山	真言宗	千手観音
82	根香寺(千手院)	香川県高松市	青峰山	天台宗	千手観音
83	一宮寺(大宝院)	香川県高松市	神毫山	真言宗	聖観音
84	屋島寺(千光院)	香川県高松市	南面山	真言宗	千手観音
85	八栗寺(千手院)	香川県牟礼町	五剣山	真言宗	聖観音
86	志度寺(清浄院)	香川県さぬき市	補陀落山	真言宗	十一面観音
87	長尾寺(観音院)	香川県さぬき市	補陀落山	天台宗	聖観音
88	大窪寺(遍照院)	香川県さぬき市	医王山	真言宗	薬師如来

坂東三十三所

順位	寺名(通称)	所在地	山号	宗派	本尊
1	杉本寺(大蔵観音、杉本観音)	神奈川県鎌倉市	大蔵山	天台宗	十一面観音
2	岩殿寺(岩殿観音)	神奈川県逗子市	海雲山	曹洞宗	十一面観音
3	安養院(田代観音)	神奈川県鎌倉市	祇園山	浄土宗	千手観音
4	長谷寺(長谷観音)	神奈川県鎌倉市	海光山	浄土宗	十一面観音
5	勝福寺(飯泉観音)	神奈川県小田原市	飯泉山	真言宗	十一面観音
6	長谷寺(飯山観音)	神奈川県厚木市	飯上山	真言宗	十一面観音
7	光明寺(金目観音)	神奈川県平塚市	金目山	天台宗	聖観音
8	星谷寺	神奈川県座間市	妙法山	真言宗	聖観音
9	慈光寺	埼玉県都幾川村	都幾山	天台宗	千手観音
10	正法寺(岩殿観音)	埼玉県東松山市	巌殿山	真言宗	千手観音
11	安楽寺(吉見観音)	埼玉県吉見町	岩殿山	真言宗	聖観音
12	慈恩寺	埼玉県岩槻市	華林山	天台宗	千手観音
13	浅草寺(浅草観音)	東京都	金竜山	聖観音宗	聖観音
14	弘明寺(弘明寺観音)	神奈川県横浜市	瑞応山	真言宗	十一面観音
15	長谷寺(白岩観音)	群馬県榛名町	白岩山	天台宗	十一面観音
16	水沢寺(水沢観音)	群馬県伊香保町	五徳山	天台宗	十一面千手千眼観音
17	満願寺(出流山観音)	栃木市	出流山	真言宗	千手観音
18	中禅寺(立木観音)	栃木県日光市	補陀落山	天台宗	十一面千手観音
19	大谷寺(大谷観音)	栃木県宇都宮市	天開山	天台宗	千手観音
20	西明寺	栃木県益子町	独鈷山	真言宗	十一面観音

順位	寺名(通称)	所在地	山号	宗派	本尊
21	日輪寺(八溝観音)	茨城県大子町	八溝山	天台宗	十一面観音
22	佐竹寺	茨城県常陸太田市	妙福山	真言宗	十一面観音
23	観世音寺〈旧正福寺〉(佐白観音)	茨城県笠間市	佐白山	曹洞宗	十一面千手観音
24	楽法寺(雨引観音)	茨城県大和村	雨引山	真言宗	延命観音
25	大御堂	茨城県つくば市	筑波山	真言宗	千手観音
26	清滝寺	茨城県新治村	南明山	真言宗	聖観音
27	円福寺(飯沼観音、銚子観音)	千葉県銚子市	飯沼山	真言宗	十一面観音
28	竜正院(滑川観音)	千葉県下総町	滑河山	天台宗	十一面観音
29	千葉寺	千葉市	海上山	真言宗	十一面観音
30	高蔵寺(高蔵観音)	千葉県木更津市	平野山	真言宗	聖観音
31	笠森寺(笠森観音)	千葉県長南町	大悲山	天台宗	十一面観音
32	清水寺(清水観音)	千葉県岬町	音羽山	天台宗	十一面観音
33	那古寺(那古観音)	千葉県館山市	補陀落山	真言宗	千手観音

秩父三十四所

順位	寺名(通称)	所在地	山号	宗派	本尊
1	妙音寺(四万部寺)	埼玉県秩父市	誦経山	曹洞宗	聖観音
2	真福寺	埼玉県秩父市	大棚山	曹洞宗	聖観音
3	常泉寺	埼玉県秩父市	岩本山	曹洞宗	聖観音
4	金昌寺(新木寺)	埼玉県秩父市	髙谷山	曹洞宗	十一面観音
5	長興寺(語歌堂)	埼玉県横瀬町	小川山	臨済宗	准胝観音
6	ト雲寺(荻ノ堂)	埼玉県横瀬町	向陽山	曹洞宗	聖観音
7	法長寺(牛伏堂)	埼玉県横瀬町	青苔山	曹洞宗	十一面観音
8	西善寺	埼玉県横瀬町	青泰山	臨済宗	十一面観音
9	明智寺	埼玉県横瀬町	明星山	臨済宗	如意輪観音
10	大慈寺	埼玉県横瀬町	万松山	曹洞宗	聖観音
11	常楽寺(坂氷)	埼玉県秩父市	南石山	曹洞宗	十一面観音
12	野坂寺(白華殿)	埼玉県秩父市	仏道山	臨済宗	聖観音
13	慈眼寺(はけのした〈壇ノ下〉)	埼玉県秩父市	旗下山	曹洞宗	聖観音
14	今宮坊(金剛寺)	埼玉県秩父市	長岳山	臨済宗	聖観音
15	少林寺(蔵福寺)	埼玉県秩父市	母巣山	臨済宗	十一面観音
16	西光寺	埼玉県秩父市	無量山	真言宗	千手観音
17	定林寺(林寺)	埼玉県秩父市	実正山	曹洞宗	十一面観音
18	神門寺	埼玉県秩父市	白道山	曹洞宗	聖観音
19	竜石寺	埼玉県秩父市	飛淵山	曹洞宗	千手観音
20	岩上堂	埼玉県秩父市	法王山	臨済宗	聖観音
21	観音寺(矢之堂)	埼玉県秩父市	要光山	真言宗	聖観音
22	栄〈永〉福寺(童子堂)	埼玉県秩父市	西陽山	真言宗	聖観音
23	音楽寺(小鹿坂)	埼玉県秩父市	松風山	臨済宗	聖観音
24	法泉寺(しらやま〈白山別所〉)	埼玉県秩父市	光智山	臨済宗	聖観音
25	久昌寺(御手判寺〈岩谷堂〉)	埼玉県秩父市	岩谷山	曹洞宗	聖観音
26	円融寺(岩井堂)	埼玉県秩父市	万松山	臨済宗	聖観音
27	大淵寺(月影堂)	埼玉県秩父市	竜河山	曹洞宗	聖観音
28	橋立堂	埼玉県秩父市	石竜山	曹洞宗	馬頭観音
29	長泉院(石札堂)	埼玉県荒川村	笹戸山	曹洞宗	聖観音
30	法雲寺(深谷寺)	埼玉県荒川村	瑞竜山	臨済宗	如意輪観音
31	観音院(わしの岩屋)	埼玉県小鹿野町	鷲窟山	曹洞宗	聖観音
32	法性寺(般若岩殿)	埼玉県小鹿野町	般若山	曹洞宗	聖観音
33	菊水寺	埼玉県吉田町	延命山	曹洞宗	聖観音
34	水潜寺	埼玉県皆野町	日沢山	曹洞宗	千手観音

일본불교를 중흥한 자혜대사(慈惠大師)

比叡中興慈惠師	히에이산을 중흥하신 자혜대사의
諱名良源元三稱	이름은 양원이고 원삼대사라 칭했다.
天台十八座主任	천태 18대 좌주로 보임하여
教學振興制度革	교학진흥과 제도개혁 하였다.
頹廢諸堂後樹立	퇴폐된 집들을 다시 일으켜 세워
三塔十六三千坊	3탑 16곡 3천방을 형성
比叡最盛出現期	히에이산 최성기를 출현,
日本佛教基礎展	일본불교의 기초를 다졌던 분이다.
母祈大吉觀音像	어머니가 대길사 관음상에 기도 하고
日輪下峰入胎兒	해가 땅에 떨어지는 꿈을 꾸고 입태하였는데
每日觀經讀誦寺	매일 관음경을 읽고 절에 다니다가
歸途出産曰吉丸	도중에서 아이를 낳으니 이름을 길환이라 하였다.
五穀豊作祈田祭	5곡이 풍년 되기를 기도 드릴 때
五色紅雲奇瑞光	5색 무지개가 아이를 감싼 서광이 있어
懇心留意稚兒育	관심을 가지고 아이를 귀하게 길렀다.
比叡東麓梵釋寺	히에이산 동록 범석사
覺惠和尙參詣後	각해화상을 뵙고
西塔燈坊理仙師	서탑 동방 리선스님에게 나아가
大小經論一聞千	대소경론을 배웠는데, 하나를 들으면 천을 알았다.
十七歲削受戒牒	17세 삭발수계, 계첩을 받고
經三登壇大乘戒	3년 후 계단에 올라가 대승계를 받고
二十法名改良源	20세에 법명을 양원으로 고쳤다.

南都興福維摩會　남도 흥복사 유마회에 참석하여
大德論議義昭伏　대덕들과 논의하여 의소를 항복받으니
宣聲中界知名人　이름이 중앙 정계에까지 알려져 지명인이 되었다.

右大師輪誓願力　우대사가 법륜 굴리기를 서원하여
橫川法華三昧堂　황천에 법화삼매당을 짓고
四季講堂寂定坊　4계강당 적정방을 마련하고
井戶加持滿水淸　정호에 가지하여 흐린 물을 맑게 하였다.
坐禪壁像不思現　벽상에서 좌선하며 그림자도 나타나지 않았다.

橫川不動楞嚴院　횡천부동능엄원에서는
三百護摩供所行　3백일 동안 호마공양행을 하였는데
晝夜不斷不眠休　밤낮으로 그치지 않아 눈을 붙이지 않고
大行成就不動行　대행을 성취 부동행을 하였다.
九條右大巨動進　9조우대신을 권지하여
宮內太子大任護　황태자의 대임을 보호하니
加喜阿檽梨補職　아사리직을 더하여 모두 가 기뻐하였다.

橫川香芳谷北方　횡천향방 북쪽 계곡에
本尊虛空藏菩薩　허공장보살을 본존으로 모시고
百日求法求聞持　백일 동안 법을 구해 문지다라니를 외웠는데
天佛加護記憶增　천불이 가호하여 기억력이 되살아났다.

天皇公卿百官坐　천황과 공경대부 백관들이 자리한 가운데
五日碩學十名討　5일 동안 석학 10명이 모여 토론하였는데
第一登位不滅光　제1좌에 올라 불멸의 영광으로
法相六宗最上座　법상 6종 최상좌에 앉게 되었다.

天皇心病祈禱愈　천황이 심장병으로 고생할 때 기도하여 낫게 함으로써
內供奉十禪師位　내공 10선사 위에 오르게 되었으며
全國學者集會中　전국 학자들이 모인 가운데

御前論講天台教	어전에서 천태교를 논강하고
國泰民安法華講	법화경 강의로 국태민안을 빌었다.
圓頓授戒大法會	원돈계를 주기 위해 전국대회가 열렸는데
忽斬中止第二日	갑자기 제2일에 이르러
各方歸誦梵網經	각 방에 들어가 범망경을 읽으라 하여
怪異性品別異特	성품이 괴이하고 별나다 하였는데
忽壞天井戒壇崩	갑자기 천정이 무너지면서 계단이 무너짐으로써
預知大師一層恭	스님은 미리 알았던 것 같아 더욱 공경하게 되었다.
圓融天皇願力隨	원융천황의 원력을 따라
祈園復元天台別	기원사를 복원 천태별원으로 만들고
再興虛空文殊樓	다시 허공봉에 문수루를 지어
慈覺大師獅子殊	자각대사가 모시고 왔던 사자타고 있는 문수를 모시니
五台山中獅子翁	오대산중 사자님이
自足步步日本行	제발로 걸어 일본까지 왔다고 칭찬하였다.
尋禪闍梨源信師	심선사이 원신스님과
覺運暹賀覺聖救	각운 섬하 각초 성구 등이
聖求高聲集定坊	거룩한 성자를 구해 적정방에 모였다는 소리를 듣고
惠心僧都明星水	혜심 승도가 밝은 별이 물에 뜨는 것으로
試看都是六觀故	시험 삼아 간해보니 다같이 6관음이 나타났으나
惠心感得如意輪	혜심 스님만 홀로 여의륜관을 감득하였으나
天元三年山王社	천원3년 산왕사에서
金剛般若轉讀會	금강반야 전독회를 가지는데
申入三塔二千七	3탑스님 2,700명이 신입하자
中種七百二千名	중강에 7백명을 끊어버리고 2천명만 모여 따르자
不滿吐露是非說	불만한 사람들이 토로하여 시비를 일으켰다.
然而香那一檀那	그런데 향나의 한 신도가 와서

母病治癒二千供　어머니 병을 위해 2천 스님께 공양하니
果然母病快癒治　과연 병이 낫게 되었다.
其時大衆聖覺心　그때에야 대중들은 경각심을 가지게 되었다고 한다.

圓融天皇訪橫川　원융천황이 횡천에 왔다가
法要畢後寂定坊　법요식을 마치고 적정방에 들었는데
木間湖水風景覩　나무사이 호수가 보이고 풍경이 아름다운 것을 보고
造庭子孫不絶今　정원을 만들어 주어 지금까지도 그 자손들이 끊어지지 않고 있다.

圓融天皇持病疫　원융천황이 병을 앓자
招請大師秘修祈　대사를 초청해 비수법으로 기도
滿願同時忽癒平　원을 성취하고 병이 낫자
水晶念珠法服一　수정염주와 법복 한 벌을 내리고
黃金百兩下賜後　황금 백 냥을 하사한 다음
輦車使用許可與　연을 타고 가도록 허가하여
日本僧侶寶輦模　일본 승려들이 보연을 타게 된 본이 되었다.

圓融天皇特勅令　원융천황이 특별히 명령을 내려
五大尊法秘法修　5대존법으로 비밀수법을 행하고자
中央不動明王座　중앙에 부동명왕 자리를 하고
四方軍荼金剛叉　4방에 군다리명왕 금강야차명왕
三世威德左右置　3세명왕 대위덕명왕들을 좌우보처로 설치하였는데
大師背焰劒索手　대사의 등허리에 화염이 솟아 좌우 손에 칼과 새끼를 가진 것이
不動明王實形現　부동명왕의 실제 형상이 나타난 것과 같았으므로
簾中參觀宮中人　주렴 속에서 참관한 궁중인들이
亦如不動極尊重　부동명왕과 같은 것을 보고 지극히 존중하게 되었다 한다.

唐國天狗飛叡來　당나라 천구가 히에이산에 날라와
日本天狗神通力　일본 친구들과 신통력을 겨루다보니
秀才學匠魔導引　수재 학장들이 마군이에 이끌리자
大師高弟尋禪師　스님의 높은 제자 심선사가

不動呪法唐逃亡	부동명왕 주법을 하자 당나라로 도망쳤다.
一日夜更蕭風雨	하루는 밤에 소소한 비바람이 몰아치자
禪師止定覽影怪	선사께서 선정을 그치고 깜빡거리는 등잔 밑에 기괴한 것이 있는 것을 보고
問答彈指走疫神	물으니 질역신이라 하자 손가락을 튕기니 도망쳤다.
爾時寂靜彈指出	그로부터 마음을 고요히 가라앉혀 손가락을 튕겨 귀신 쫓는 풍습이 생기게 되었다.
西塔寶幢惠亮師	서탑 보당은 혜양스님
傳教大師隨願立	전교대사의 원을 따라 세운 것이다.
大師改修勝輪煥	대사가 개수하여 빛나게 하고자 했으나
露盤寶鐸金箔分	노반 보탁 금박분이
三十三兩不足踐	33냥이나 부족하여 실천하지 못하고 있었다.
奧州刺史藤原長	그런데 오주자사 근원위장씨가
國分金泥盜賊出	국분사 금니사경분을 도적이 가져갔는데
多幸所捕寫經歸	다행히 잡았으나 사경하지 않기로 했아오니
佛事爲用本山納	본산에 납입하여 불사에 쓰십시오 하여
驚歎頭修金一致	받아 수리하였는데, 금액이 일치하여 모두 경탄해 하였다.
永觀二年風邪氣	영관 2년 풍사기가 들어
東坂弘法下靜養	동판 홍법사에 내려가 정양시다가
譽言十二淨土生	12월에 정토왕생하시겠다 예언하시어
生者必滅會者離	산 자는 반드시 멸하고 모인 자는 흩어지니
不悲修行徹底布	슬퍼하지 말고 수행하여 철저히 포교하라 하였다.
身病床在心如在	몸이 병상이 있으니 마음도 그러는 것 같다.
世上送恨不室儲	세상에 한이 맺힌 것은 공부방에 양식을 마련하지 못한 것이니
能知世界因緣盡	이미 세계 인연이 다한 것을 알았으니
唯西方念余亦念	오직 생각을 서방에 두고 나 또한 그렇게 생각했다.

大師臨終庭橘木　　대사가 임종할 때 뜰 가운데 귤나무에서
紫雲立乘見童子　　자운이 일어나 동자가 타고 하늘로 올라가는 것을 보았다.
各寺所聞御念佛　　각사에 소문이 퍼지자 임금님께서도 염불하였는데
念佛聲滿坊舍屋　　염불소리가 각 방과 집, 집마다 꽉 찼다.

一條天皇慈慧諡　　일조천황은 자혜란 시호를 내리고
嵯峨上皇奉安影　　차아상황은 영정을 그리게 하고
慈慧大師親筆呈　　자혜대사라 친필을 내린 뒤
元三影安蓮室坊　　원삼대사의 영정을 연실방에 봉안토록 했다.

此書元三繪傳記　　이 글은 원삼대사 회전기를 보고
縮小成詩頌讚音　　시로 축소시켜 노래로 불러본 것이다.

夢也生也啄木亭　　꿈이냐 생시냐 탁목정
函館湯之根元泉　　함관탕의 근원천
樹領百年松柏木　　수령 백년 송백목
由緒銘底松岡園　　유서 깊은 송강원

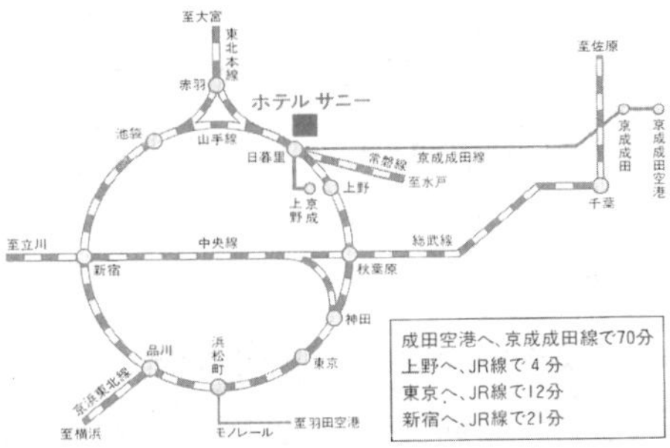

異周文化天主教　　이주문화 천주교가 있어
修道院受洗禮法　　수도원의 세례도 받고
海路漁場開拓者　　해로 어장을 개척한
高田屋嘉兵衛像　　고전옥가 병위상도 볼 수 있었다.

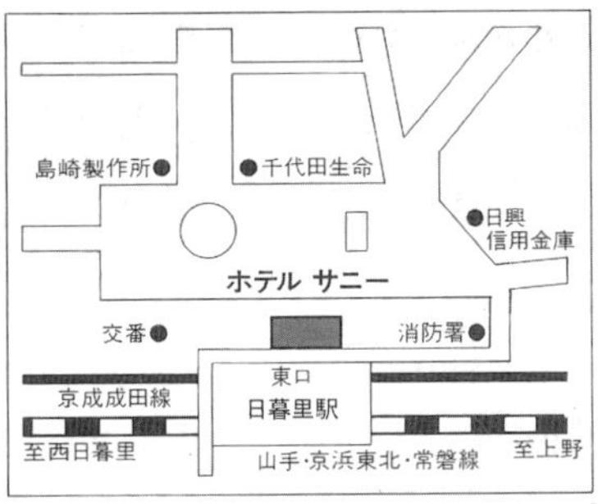

⑧ 호텔 수니(SUNNY)

東京黃川日暮里　　동경 황천 일모리에
SUNNY六層飯店　　수니 6층 호텔이 있는데
東西交通要塞地　　동서 교통요새지로
低價便利淸潔室　　값도 싸고 편리한 시설에 방도 깨끗하였다.

오키나와 혼토(沖繩本島)

日南休養地沖繩	일본 남국 휴양지 오키나와는
亞熱帶海洋氣候	아열대 해양기후로써
年平均十六度上	연평균 16도 이상이 되어
恰似美國布哇島	미국의 하와이와 비슷하였다.
流球列島百六十	유구열도 160개를
北中南部三分割	북·중·남 셋으로 분할하여
原始三國自體生	원시 3국이 자체적으로 살아가던 것을
十五世紀初統合	15세기 초 통합
尙巴志建流球國	쇼아시가 유구국을 건립
繁盛南亞海上易	동남아시아와 무역 번성하였다.
過度維新日本編	
蜀縣沖繩縣改部	촉현부를 오키나와부로 고쳐
二次大戰防禦地	2차대전 방어지로 만들었다가
完全破壞悲慙狀	완전히 파괴되어 비참하게 되었으나
天惠自然風光德	천혜 자연 풍광덕으로
偶節好時觀光發	좋은 시절을 만나 관광지로 개발되니
世界的爲休養地	세계적인 휴양지가 되었다.
古來台灣韓國州	옛날부터 대만과 한국 제주는
密接關係親交遊	밀접한 관계를 가지고 교류해 왔으므로
認識兄弟本土國	형제 본토국과 같이 인식되었으나
現在美軍前進基	현재는 미군의 전진기지가 되어 있어
重要軍事要衝地	중요 군사 요충지로 알려져 있다.

戰鬪爭跡沖繩南　　전투쟁적은 오키나와 남부에 남아있고
海岸絶景中部心　　해안 절경은 중부가 중심이고
林海前望北部一　　임해 전망은 북부가 제일이다.

1. 나하(那覇)

忠繩本島南那覇　　오키나와 혼토 남부에 위치한 나하는
琉球王國首里所　　유구왕국의 슈리가 있는 곳
那覇明洞國際通　　나하 명동은 고쿠사이도리
磁器集合所壺屋　　도자기 집합소 츠보야
中國結緣放州園　　중국과 결연한 기념으로 세운 후쿠슈엔
泊港比岸外人墓　　토마리코오쿠간 외국인묘지
流球王國首里城　　유구왕국의 슈리성
其中首里可觀多　　그 가운데서 가장 볼거리가 많은 것이 슈리성이다.

正門赤臥守禮門　　정문은 붉은기와로 덮여 있는데 슈레이문
金書版守禮之拜　　금자로 "슈레이나라"라 써 있는데
琉球守禮之拜意　　유구는 예의를 존중하나는 나라라는 뜻이란다.

左園比屋玉石門　　왼쪽으로 소노히얀우타키이시몬(園比屋武御玉石門)을 지나
歡會龍樋瑞泉門　　칸카이본(歡會門) 류히(와룡식수) 즈이센물을 지나면
首里中心廣福門　　슈리의 중심부에 들어가는 코후쿠본
奉神御廟聖浮道　　호신문인 봉어문 우나를 거쳐 성스러운 부도를 걸었다.

正殿三層高十八　　정전은 3층 높이가 18m
幅二十八占八米　　폭이 28.8m
二百五十三個柱　　253개의 기둥과
八千帳蓋石龍床　　8천장의 기와로 덮여 있는데 돌 용상 높이가 4.1m나 되었다.

正殿全體三三龍　　정전 전체에 33용이 있는데

檐壁獅麟牧丹畵　처마와 벽에는 사자와 기린이 붉게 그려져 있고
南北兩殿接待所　남북 양전에는 접대소가 있었다.

尙眞先王骨玉陵　쇼신왕의 선왕 유골을 모신 타마우둔
東王妃西族中骨　동쪽에는 왕과 왕비, 서쪽에는 왕족, 가운데는 세골을 모셨는데
三個石室重壓感　세 개의 석실은 중압감이 있었다.

金城石疊三百米　킨죠노이시 다다미 도로 300m는
首里城代十里路　슈리성시대부터 있던 10리 길인데
戰爭保存唯一跡　전쟁 중에도 유일하게 보존되었다고 한다.

首里城近圓鑑池　슈리성 근처에 엔칸치란 둥근 못이 있는데
人工製造蓮華池　인공을 제조한 연화지라 한다.
中有辯才天女像　그 가운데 벤쟈이텐도란 집이 있는데
一五○二年朝鮮　1502년 조선에서
下賜萬册藏經管　하사받은 만책장경을 보관하는 곳이었으나
一六○九年侵失　1609년 사츠마 침략으로 없어졌다고 한다.

一千四百年代建　1400년대에 건립했다는
圓覺寺址總門及　엔카쿠지터에는 총문과
放生池橋沖最古　방생지 다리가 남아 있는데 오키나와에서는 가장 오래된
다리라 했다.

回遊式庭園識名　회유식 정원 시키나연은
王之別莊風至美　왕의 별장으로 풍치가 매우 아름다웠고
沖繩縣立博物館　오키나와 현립 박물관에는
民俗自然美術歷　민속 자연 미술 역사가
整然陳列看島史　정연하게 진열되어 섬의 역사를 한 눈에 볼 수 있게 되어 있다.

2. 남부(南部)

一九四五年戰時　1945년 전쟁 당시
二十萬名死傷者　20만 명 이상의 사상자를 낸
鐵風地帶砲聲除　철의 폭풍지대가 포성은 없어지고
青色海岸自然風　푸른해안 자연풍광이
無限平和造雰圍　끝없는 평화의 분위기를 조성하였다.

舊海軍司令部壕　구해군 사령부의 참호
辛地赤比兩門墓　코교지비라 문중묘
喜展武岬殉敎臺　키얀곶 순교대
看護學生無名塔　간호학생들을 기린 히메유리탑
其中韓人慰靈塔　그 가운데 한국인의 위령탑도 있고
摩文丘上一帶地　마부니 언덕 아래에
平和紀念公園有　평화기념탑 공원이 있고
四番碑上韓人名　네번째 비석에 한국인들의 이름이 있으나
無籍韓人一萬銘　기록하지 못한 사람들이 1만 명이 넘는다고 한다.

美國模造仙人園　미국 서부를 모델로 한 히메유리파크
玉泉洞內王國村　고쿠센도 왕국촌
三十萬年前形成　30만년 전에 형성한
鐘乳石成十里評　종유석으로 만들어져 10리가 넘었다.

三庫齊場御用所　산구이 세와우타키는 임금님이 쓰던 곳
透明海岸知念所　치넨해안레저센터
悉個奇妙究景村　모두가 다 기묘한 구경거리였다.

3. 중부(中部)

那覇名護中間域　나하로부터 나고까지 그 중간지역
嘉手基地沖縄市　케데마 미군기지와 오키나와 시
神祀城壁海岸清　신사 성벽과 맑은 해안을 볼 수 있다.

二萬年前鍾乳窟　이만년전 종류굴 속에
普天間宮奉神祠　후템마궁이란 신사가 있는데
女神太陽龍宮神　후템마여신과 태양신 용궁신을 모셨다.

中城座喜兩城跡　나카구스쿠 자키미 두 성의 자취는
島中三百城代表　오키나와섬 300개 성중에 가장 대표적인 것이다.
中村住宅美浜地　아카무라가주택 마하마아베리칸빌리지
沖縄東南植物園　오키나와시와 토난식물원
殘彼眞榮琉球村　잠빠곶(殘彼岬) 마에다곶(眞榮田岬) 뉴쿠무라촌은
絶壁燈臺波濤看　등대 세워진 절벽에서 파도 구경하는 곳이고
琉球傳統文化村　류쿠전통문화를 공부할 수 있는 곳이었다.
最古有名萬座毛　최고로 유명한 만자모는
象岩上坐萬人毛　코끼리바위 위에 만인좌는 만인이 앉을 수 있는 잔디라는
말에서 유래되었다 한다.

三迫四日短時日　3박4일 짧은 시간에
濟州近小沖縄光　제주보다 약간 작은 오키나와를 관광하고
高級枕臺豪華食　고급침대와 호화로운 잠자리도 좋았지만
美麗自然感歎聲　아름다운 자연을 보고 감탄하면서도
戰爭歷史痛心府　전쟁의 역사를 보고는 가슴이 찢어지는 것 같았다.

도다이지(東大寺) 절 (세계유산)
8세기, 쇼무(聖武)천황 시대에 전국의 중심 사찰로 건립한 대불전을 비롯하여, 13세기의 금강력사

상이 있는 남대문, 니가쓰도(二月堂) 및 산가쓰도(三月堂) 등, 볼거리가 풍부합니다. 그밖에 쇼무천황의 유품, 당나라, 인도 및 페르시아의 공예품이 수납된 쇼소인(正倉院), 당나라 스님이 창건한 계단원(戒壇院) 등 긴 역사와 함께 귀중한 문물이 많이 소장되어 있습니다.

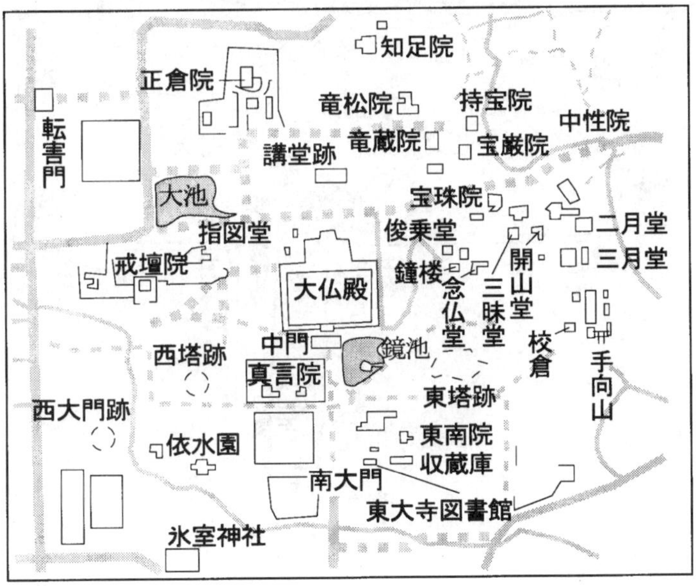

동대사 가람 배치도

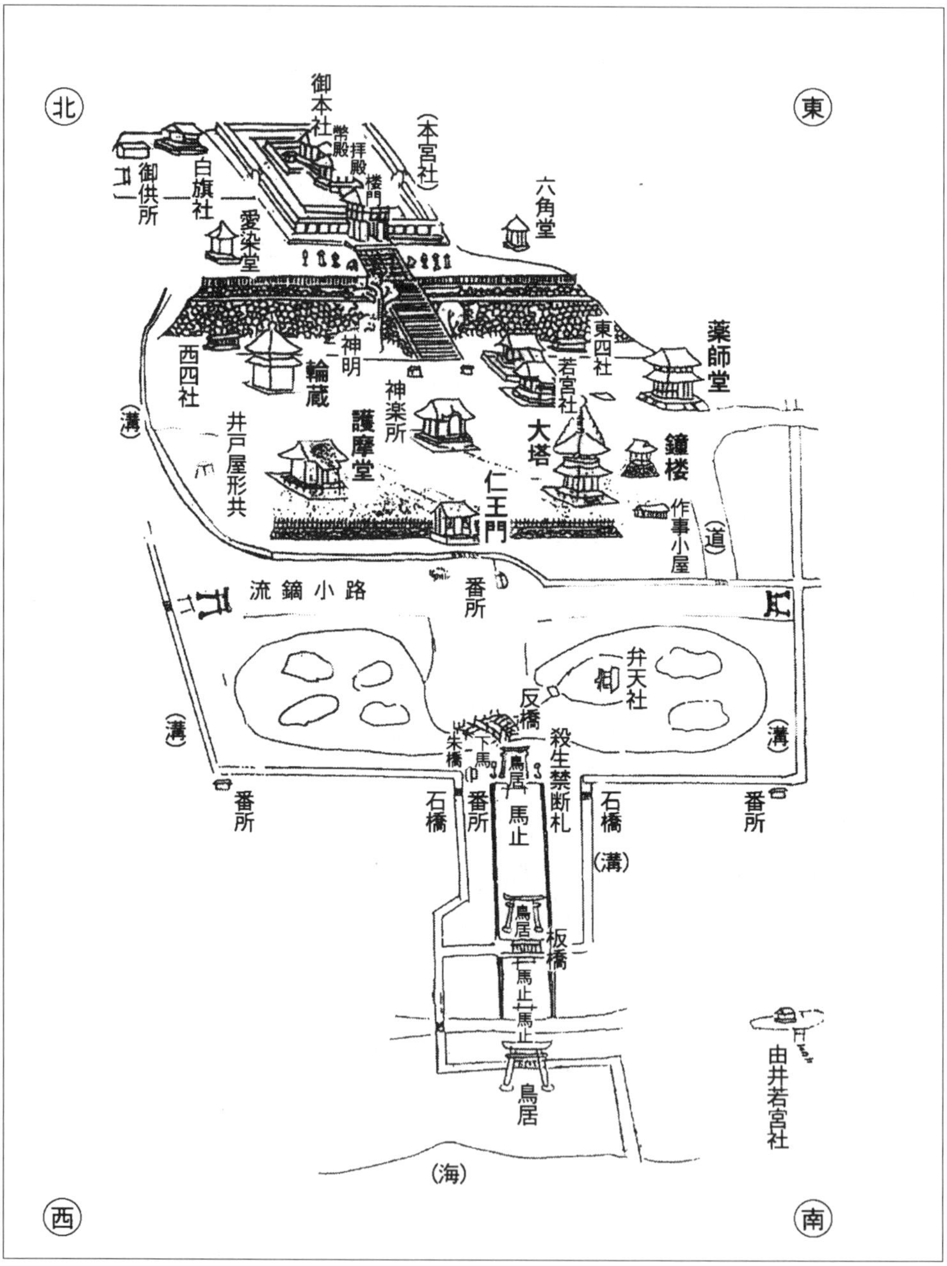
北
東
西
南
御本社
幣殿
拝殿
楼門
(本宮社)
六角堂
御供所
白旗社
愛染堂
東四社
薬師堂
西四社
神明
輪蔵
神楽所
若宮社
大塔
鐘楼
護摩堂
井戸屋形共
仁王門
作事小屋
(溝)
(道)
流鏑小路
番所
弁天社
反橋
朱橋
下馬
殺生禁断札
鳥居
馬止
石橋
番所
石橋
番所
(溝)
(溝)
(溝)
鳥居
板橋
馬止
馬止
鳥居
由井若宮社
(海)

8번궁 경내도

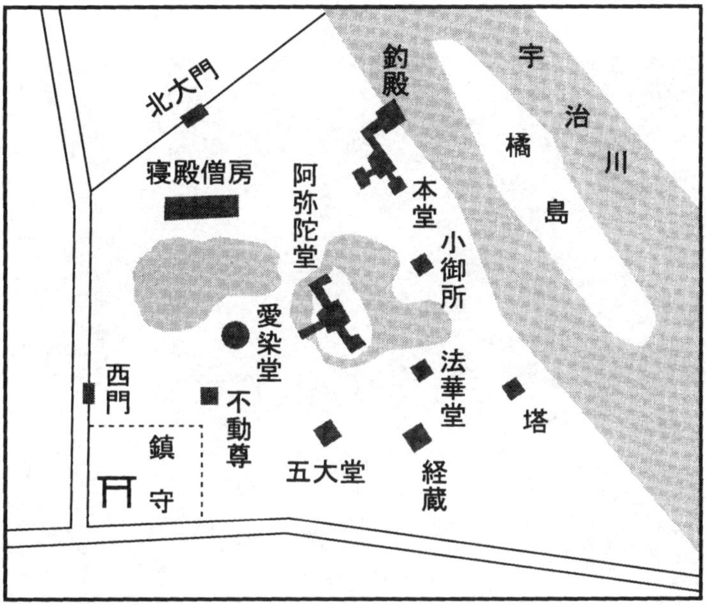

평등원 가람 배치도

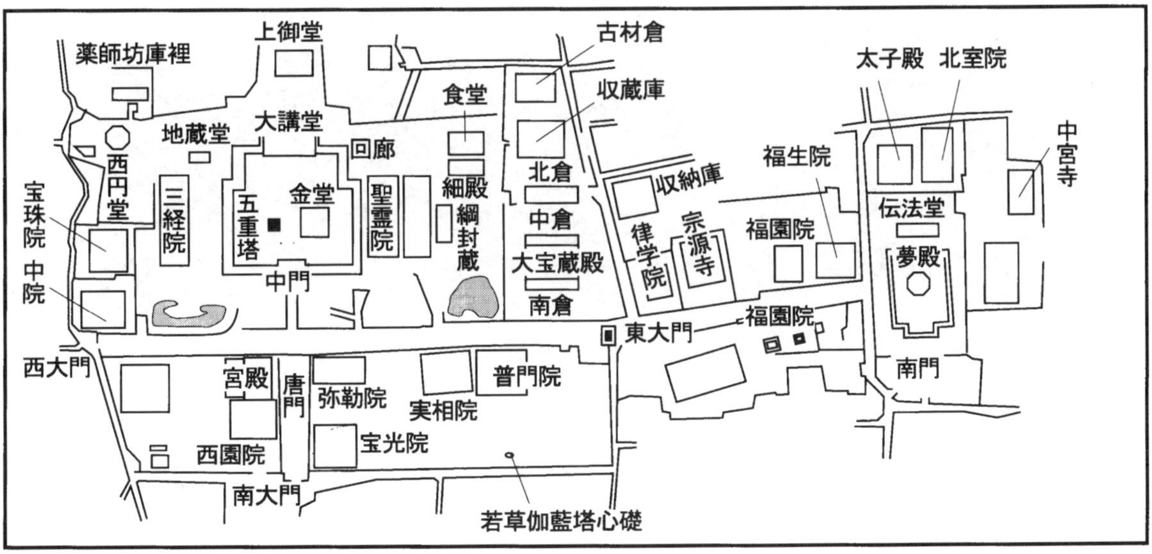

범융사 · 중궁사 경내도

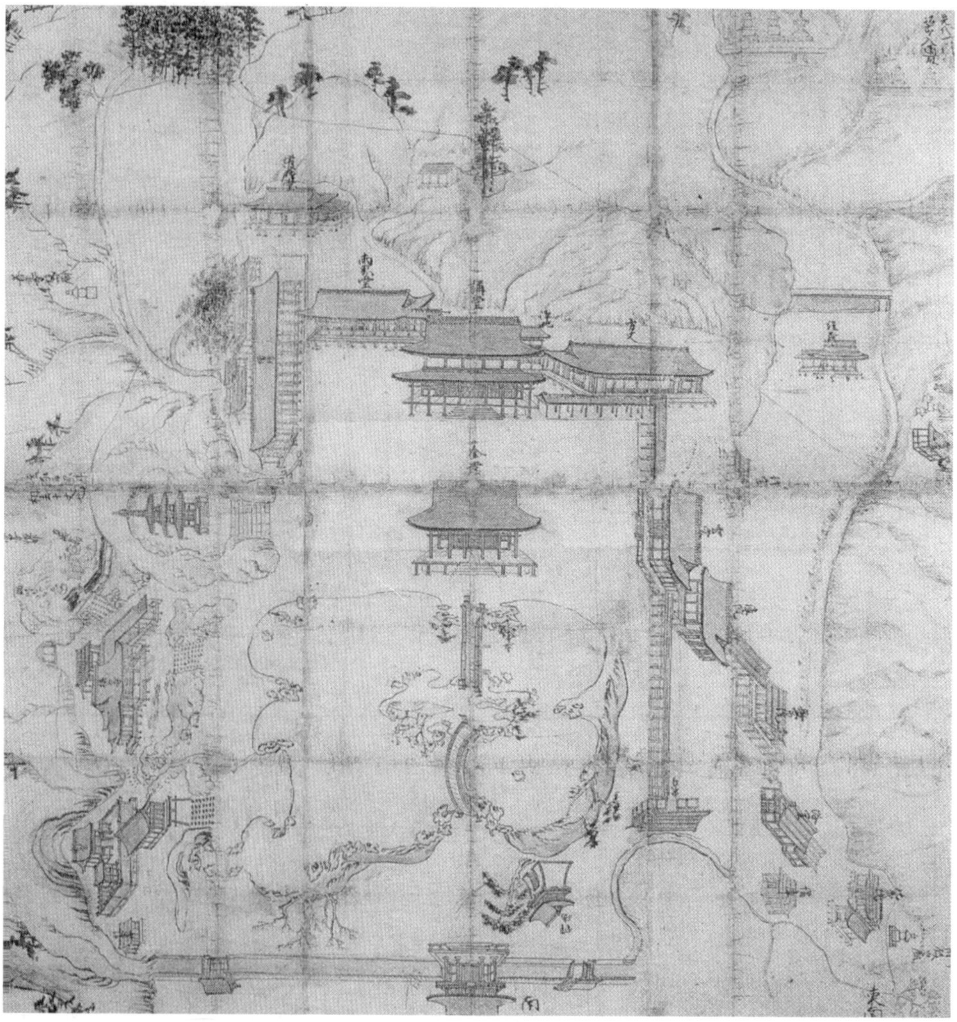

극락사 조감도